·北京市冰雪运动与文化旅游产业融合发展研究丛书·
中国冰雪旅游研究中心

国际冰雪
旅游目的地
案例

Cases of International Ice and Snow Tourism Destinations

朱光好　赵英刚　黄　迪　等◎编著

本书出版得到了北京社会科学基金重大项目"北京市冰雪
运动与文化旅游产业融合发展研究"（19ZDA11）的资助。

经济管理出版社
ECONOMY & MANAGEMENT PUBLISHING HOUSE

图书在版编目（CIP）数据

国际冰雪旅游目的地案例／朱光好等编著．—北京：经济管理出版社，2021.7
ISBN 978-7-5096-8136-7

Ⅰ．①国… Ⅱ．①朱… Ⅲ．①冰上运动—旅游地—旅游资源—世界②雪上运动—旅游地—旅游资源—世界 Ⅳ．①F591.99

中国版本图书馆 CIP 数据核字（2021）第 137475 号

组稿编辑：王光艳
责任编辑：张玉珠
责任印制：张馨予
责任校对：王淑卿

出版发行：经济管理出版社
　　　　　（北京市海淀区北蜂窝 8 号中雅大厦 A 座 11 层　100038）
网　　　址：www. E-mp. com. cn
电　　　话：（010）51915602
印　　　刷：北京晨旭印刷厂
经　　　销：新华书店
开　　　本：720mm×1000mm /16
印　　　张：11.25
字　　　数：189 千字
版　　　次：2022 年 1 月第 1 版　　2022 年 1 月第 1 次印刷
书　　　号：ISBN 978-7-5096-8136-7
定　　　价：68.00 元

总　序

2022 年北京冬季奥运会是继 2008 年夏季奥运会后，在我国举办的又一次全球性体育盛会，也是我国全面建成小康社会后，站在舞台中央向全世界展示的一次绝好机会。这届冬季奥运会不仅要保障各项专业赛事活动顺利举行，还要努力让国民大众都参与进来，形成浓厚的冰雪体育健身旅游氛围，向国际社会展示健康中国、魅力中国、崛起中国的大国形象。国际经验也证明，冬季奥运会将极大促进举办国的冰雪运动及旅游市场开发，主要表现在三个方面：一是将冰雪资源胜地推向国际视野，迅速提高体育旅游知名度；二是冬季奥运会带来的雄厚资金、先进科技、优质的服务理念为承办地的冰雪体育健身旅游综合服务能力建设提供了保障；三是营造冰雪运动氛围，推动冰雪运动的大众化进程。

习近平总书记指出，冰天雪地也是金山银山。为助力 2022 年北京冬季奥运会和实现"带动三亿人参与冰雪运动"的目标，近年来我国冰雪运动和冰雪旅游发展迅速。据《中国冰雪旅游发展报告 2020》显示，2018—2019 年冰雪季中国冰雪旅游人数达到 2.24 亿人次，冰雪旅游收入约为 3860 亿元。其中，全国滑雪人次接近 2000 万，滑雪者人数超过 1200 万，冰雪运动已经成为冬季旅游的重要消费业态，也逐渐成为国民大众十分喜爱的运动方式。迅速拓展的市场需求带动了产业供给的扩张，据统计，2019 年中国共有滑雪场 770 家，已投入运营的室内滑雪场有 31 家；杭州、南京、成都等南方城市纷纷落户冰雪综合体项目；融创集团在哈尔滨、广州、无锡、昆明、成都和重庆六大核心城市布局打造冰雪综合体；2018—2019 年我国冰雪旅游投资达 6100 亿元。

"京张"区域是华北地区冰雪运动的枢纽地和核心区，筹办 2022 年北京冬季奥运会为进一步推动区域冰雪经济发展建造了优良的设施基础，营造了浓郁的社会氛围，打造了坚实的市场空间，创造了难得的历史机遇。依托独特的冰雪资源和庞大的消费市场，近年来"京张"地区冰雪产业发展迅猛，据统计，截至 2020 年，北京全市建有滑雪场 24 家、滑冰场 30 余家、冰球俱乐部等 280 家，张家口崇礼已建成营业的大型滑雪场 7 家，在建和规划建设的有 20 多家，区域滑雪滑冰、观雪戏雪等冰雪运动和冰雪旅游产业已经初具规模。而且，为满足 2022 年冬季奥运会比赛项目要求，北京首钢园区、奥体中心、延庆小海坨和张家口崇礼等地新建和改扩建了一大批场馆和赛道设施，其中很大一部分在全国、亚洲甚至全球都具有领先水平，全面提升了地区冰雪设施的总体水平，并能够通过高端设施适度弥补区域冰雪自然条件的限制。

环京地区拥有丰厚的文化旅游资源，区域冰雪运动与文化旅游融合的发展潜力巨大，将成为全国的龙头品牌，不断增强对全国冰雪与旅游经济融合发展的带动能力。北京有着 3000 多年的建城史，800 多年的建都史，是中国古代都城最后的结晶，汇聚了源远流长的文化传统与光辉灿烂的文化遗产；京津冀区域文化旅游资源类型丰富，特色突出，高质量文化旅游资源数量众多，分布广泛。首都厚重的文化积淀与京津冀多元的文化旅游资源，均为区域冰雪运动和文化旅游融合发展提供了巨大的优势。特别是长城和区域富集的温泉资源与冰雪旅游发展具有极高的融合潜力。发挥 2022 年北京冬季奥运会品牌影响力，激发冬季奥运会的前三（年）后四（年）效应，推动冰雪运动与区域文化旅游融合发展，集聚冰雪赛事、冰雪运动、冰雪度假、冰雪文化体验、国际会议、节事会展、冰雪活动培训等业态，打造我国冰雪经济和文旅产业融合发展的龙头引擎，加快培育"东方阿尔卑斯"国际冰雪赛事和冰雪旅游目的地品牌，促使冰雪"冷"资源变成消费"热"产业，有利于刺激和带动全国冰雪市场消费、培育形成新的经济增长点，有利于为 2022 年北京冬季奥运会充分预热、实现"带动三亿人参与冰雪运动"的战略目标。

北京第二外国语学院作为北京市属高校中唯一的一所外国语大学，在首都国际交往中心建设的进程中，肩负着天然的使命和责任。学校主动与北京"四个中心"建设对接，立足服务北京的战略目标和国际交往中心研究的特色视角，努力打造一支优秀的服务首都功能定位的学术力量，整合与组建了首都国际交往中心研究院、首都对外文化传播研究院、中国文化和旅游产业研究院等 17 个科研机构，拥有文化和旅游部文化和旅游研究基地、北京旅游发展研究基地、北京对外文化传播研究基地、首都对外文化贸易研究基地等 7 个省部级科研基地，形成了较为完备的科研平台格局。学校加强高端特色智库建设，积极组织研究简报、蓝皮书、专项课题、咨政报告、高端论著等多种形式对接国家战略和首都发展需求，产出了丰硕的学术和咨政成果，多次获得中央及省部级领导肯定性批示，在北京形象建设、旅游产业政策、旅游大数据、"一带一路"投资与安全、服务贸易、文化贸易、对外文化传播、国际文化交流等研究领域逐渐形成北京第二外国语学院特色学术品牌。

2022 年冬季奥运会是在北京主场举办的重大国际体育赛事和人文交往活动，北京第二外国语学院整合全校资源，近年来为冬季奥运会的筹办持续开展了一系列服务工作。特别是聘请了原国家体育总局、2022 年北京冬季奥运会和冬季残奥会组委会的刘鹏同志作为首都国际交往中心研究院名誉研究人员牵头申报了 2019 年北京社科基金重大项目"北京市冰雪运动与文化旅游产业融合发展研究",并组建了由校党委副书记朱光好教授、校旅游科学学院以及中国文化和旅游产业研究院学术骨干等组成的课题组。该课题以服务 2022 年北京冬季奥运会,推动北京冰雪运动与文化旅游融合发展为研究目标,在校科研处的全力支持下,开展了资源与资产现状及综合利用、市场需求与供给、相关产业融合机制与模式、发展定位、战略与空间布局、政策设计与实施保障等专题研究,向中央政治局、冬奥组委会、北京市提交了多份咨政报告,得到了高层领导和相关机构的高度重视。在学校相关院系和职能机构的通力合作下,历时近两年,高质量地完成了各项课题研究任务。

以 2022 年北京冬季奥运会为契机,推动北京市冰雪运动和文化旅游产业融合发展,这既是一项新事业,也是一个新课题,国内外相关研究成果相对稀少。我们希望这套丛书的出版,能够为本届冬季奥运会相关工作决策贡献绵薄之力,能够为后冬奥时期北京市冰雪运动和文旅产业融合发展提供一些有益借鉴。如果这些著作能够引起更多学者关注和思考这一重要的事业和课题,我们将感到无比欣慰。当然,丛书中尚有许多不尽如人意的地方,希望各位读者多提宝贵意见和建议,以便于我们不断修订、完善。

刘 鹏

2021 年 6 月 1 日

前　言

　　2022 年北京冬季奥运会和冬季残奥会正在紧张有序地推进各项筹办工作，即将拉开帷幕。国人一面怀着喜悦的心情迎接着继 2008 年北京奥运会之后的又一次奥运盛会，一面也对冬季奥运会之后留下怎样的遗产展开了一系列思考和讨论：一次冬季奥运会对一个地区、一个国家及其相关行业，究竟会带来怎样的影响？如何利用好冬季奥运会，创造有益的奥运遗产？如何放大积极影响，规避负面影响，促使相关地区经济、生态、社会文化等方面实现健康和可持续发展，甚至迈上更高水平的发展台阶？

　　回顾近 100 年来的世界冬季奥运会历史（1924 年第一届冬季奥运会在以霞慕尼为中心赛区的法国举办），今天一批世界一流的冰雪旅游目的地，包括法国霞慕尼、瑞士圣莫里茨、美国普莱西德湖、意大利都灵、奥地利因斯布鲁克、挪威奥斯陆、加拿大卡尔加里、日本长野等，均与冬季奥运会有过不解之缘。它们不仅作为了冬季奥运会的举办地，更是充分以冬季奥运会为契机，在设施、配套、管理、营销、相关产业、专业人才等多个方面实现了显著提升。一次冬季奥运会，留下一个产业、一个目的地，这是冬季奥运会最为现实的宝贵遗产。

　　中国的情况与上述国家和地区又有显著不同。以滑雪为中心的冰雪旅游，在中国仍属于旭日初升的新需求、新产业。近年来，在冬季奥运会的契机下，中国的冰雪运动及相关旅游休闲产业发展很快，不仅东北传统冰雪地区保持着稳步成长，以京津为代表的华北地区更是发展迅速，在中国的南方地区也出现了很多发展亮点。但是，尽管有研究表明中国的滑雪历史十分悠久，但对于大多数国人而言，滑雪仍是一项新的运动、新的休闲旅游方式，也是一项新的生活方式。而它所对应的市场，将达到人类历史上前所未有的规模。

围绕着优质滑雪场，运动、观光、度假以及商贸、文创、会展、装备制造等，将形成一个范围广阔的产业集群，在空间上则形成有特定结构和功能的目的地体系。当前，国际一流的滑雪旅游目的地，总体上以大阿尔卑斯地区（涉及法国、瑞士、意大利、德国、奥地利等）为最首要的集聚区，其次则分布于北欧、北美和日韩等地区。这些目的地，不仅创造了显著的经济效益，而且带动了地方整体的发展，有些地区甚至成为重要的文化活动与国际交往中心。

我国以 2022 年冬季奥运会举办地北京（城区）—延庆—崇礼地区为代表，各地区都在积极学习国际上成熟的发展理念、模式和技术，试图在发展"大滑雪产业"中走出一条属于自己的道路。

本书在文献梳理的基础上，对业界公认的世界一流滑雪旅游目的地案例做了综合分析。这些案例均有一流的雪场条件和完备的服务设施，也都举办过冬季奥运会，并发展成为具有世界知名度的滑雪旅游目的地。

本书从基本概况、体系架构、模式与机制以及问题与经验四个方面展开，对 11 个国际冰雪旅游目的地的资源条件、发展规模、产品类型、配套设施、配套服务、管理模式、体制机制、产业发展以及发展过程中的问题与经验进行梳理与研究。同时，本书以北京市为例，尝试提出冰雪运动与文化旅游产业融合发展的建议。

案例的多样化提供不同的参考角度，研究的深入与全面提供参考的深度与广度。相信在深入研究国际经验的基础上，中国有望把握好冬季奥运会的契机，高标准创造并留下一批重大"遗产"，创新运营管理模式，形成新型产业集群，并在空间上合理组织布局，成为全球一流、东亚顶级的国际滑雪旅游目的地。

本书是刘鹏同志作为总编著的丛书《北京市冰雪运动与文化旅游产业融合发展研究》的一部分。本书由朱光好、王成慧策划，朱光好、王欣设计了全书框架，赵英刚全程指导案例研究工作。黄迪、李莹编著了本书第一部分，王金伟、黄迪、李莹、徐晓文、朱丹梦、雷婷和编著了本书第二部分，王欣、黄迪、李莹编著了本书第三部分。黄迪负责全书统稿校对工作。

受研究水平所限，错漏之处在所难免，恳请广大读者和同行专家批评指正。

朱光好

2021 年 6 月 1 日

目 录

第三部分　研究总结

第一部分　总　论

一、世界冰雪运动

（一）世界冰雪运动简史

冰雪运动是指在冰上和雪地上举行的体育运动，一般分为冰上运动和雪上运动两大类，因为早期的冰雪运动受条件所限，只能在寒冷结冰或有雪的冬天进行。所以又称为冬季运动。如今，随着人工制冷冰场和人造雪场的出现，冰雪运动已不只仅限于冬季进行。冰上运动主要包括速度滑冰、短道速滑、花样滑冰、冰球和冰壶等。雪上运动主要包括高山滑雪、单板滑雪、越野滑雪、跳台滑雪、自由式滑雪、冬季两项、北欧两项等。

冰雪运动有着悠久的历史，据史料记载，早在4000年前，滑冰就已经成为了地处北极圈附近居民的一种基本生活技能。史学家们在石器时代的化石中发现了用马骨制作的简易冰鞋。在北欧国家发现的石器时代的原始壁画上也栩栩如生地刻画了人们脚踏简易冰鞋、手持棍棒在冰上和雪地上追捕猎物的情景。

中国幅员辽阔，地形复杂，气候多样。北方地区主要属于温带气候，冬季寒冷多雪，因此，我国古代的冰雪运动主要在北方兴起。古代北方民族与雪共生、与冰共存，从抵御冰雪逐渐发展为利用冰雪，发明出滑雪板、滑雪杖、雪爬犁、冰鞋、冰床、冰爬犁等工具，用于出行狩猎、交通运输、军事战争、礼仪庆典、观赏嬉戏、强身健体等。特别是在运动游戏方面，古人创造出速度滑冰、花式滑冰、冰上射球、冰上蹴鞠、拖冰床等项目，构成了内容丰富、特色鲜明的中国古代冰雪运动。

现代冰雪运动兴起于欧洲。13世纪中叶，一种安装在木板上的铁制冰刀在荷兰出现；1527年，苏格兰人制造了第一双"全铁制冰刀"，这是现代冰刀的起始标志；1676年，荷兰开始举行速滑比赛，比赛的形式很简单，从一个城镇滑到另一个城镇；17世纪中叶，英国国王查理二世将滑冰引入英国的上流社会，为滑冰运动的蓬勃发展奠定了坚实的基础；1742年，第一个滑冰组织——爱丁堡俱乐部在英国创立；1850年，美国人布什内尔制造了第一副钢制冰刀，滑冰运动从此揭开了新的篇章。

（二）冬季奥运会发展历史

其实冰雪运动的历史比大多数夏季奥运会项目更加悠久，由于气候上的特点，现代冰雪运动在欧美国家兴起，受众广泛。但在当时还没有人提出单独举办冬季奥运会的想法。19世纪末和20世纪初，一些冰雪运动如滑雪、滑雪橇、滑冰、冰球等项目在欧美国家逐渐得到普及和发展。1887年挪威成立了世界上第一个滑雪俱乐部；1890年加拿大成立了世界上第一个冰球协会；1892年国际滑冰联盟在荷兰成立。1893年，在阿姆斯特丹举行了首届男子速度滑冰锦标赛；1908年，法国成立了世界范围的国际冰球联合会。1908年4月伦敦奥运会首次搭建人工冰场，并列入了花样滑冰比赛，这引起了人们极大的兴趣。到了1920年第7届奥运会安特卫普奥运会，除花样滑冰外，还增加了冰球赛，新项目也受到了前所未有的欢迎。在冰雪运动日益普及的情况下，现代奥运会创始人顾拜旦建议单独举办冬季奥运会，但由于1901年北欧两项运动在欧洲斯堪的纳维亚半岛的成功举行而被拖延。1920年第7届夏季奥运会上，国际奥委会拒绝接受北欧两项项目，而增加了冰球项目。花样滑冰和冰球加入奥运会后引起了观众的极大兴趣，但因天气条件给组织者带来诸多不便，尽管这两个项目都提前在4月进行，但大多数比赛和奥运会的开幕式在8月中旬才举行。这使得一届奥运会要长达5个月的时间，在人力、物力上耗费太大。鉴于此，人们倾向于把冰雪项目从奥运会中分离出来，单独进行冰雪项目的奥运会。

正式的冬季奥林匹克运动会始于1924年。当时，在法国的霞慕尼承办了当时被称为"冬季运动周"的运动会，两年后国际奥委会正式将其更名为第1届冬季奥林匹克运动会。

冬季奥运会最初规定每4年举行一次，与夏季奥运会在同年和同一国家举行。从1928年的第2届冬季奥运会开始，冬季奥运会与夏季奥运会的举办地点改在不同的国家举行。1994年起，冬季奥运会与夏季奥运会以2年为相隔交叉举行。为将冬季奥运会与夏季奥运会时间错开，故只有1992年冬季奥运会与1994年冬季奥运会相隔2年。

到目前，冬季奥运会已经举办了23届，如表1-1所示。

表1-1 历届冬季奥运会举办地汇总

历届冬季奥运会	年份	地点
第1届	1924	法国霞慕尼
第2届	1928	瑞士圣莫里茨
第3届	1932	美国普莱西德湖
第4届	1936	德国加米施-帕滕基兴
第5届	1948	瑞士圣莫里茨
第6届	1952	挪威奥斯陆
第7届	1956	意大利科蒂纳丹佩佐
第8届	1960	美国斯阔谷
第9届	1964	奥地利因斯布鲁克
第10届	1968	法国格勒诺布尔
第11届	1972	日本札幌
第12届	1976	奥地利因斯布鲁克
第13届	1980	美国普莱西德湖
第14届	1984	南斯拉夫萨拉热窝
第15届	1988	加拿大卡尔加里
第16届	1992	法国阿尔贝维尔
第17届	1994	挪威利勒哈默尔
第18届	1998	日本长野
第19届	2002	美国盐湖城
第20届	2006	意大利都灵
第21届	2010	加拿大温哥华
第22届	2014	俄罗斯索契
第23届	2018	韩国江厚道平昌

二、现代冰雪旅游格局

阿尔卑斯山脉位于欧洲中南部，是欧洲最高的山脉，覆盖了意大利北部、法国东南部、瑞士、列支敦士登、奥地利、德国南部及斯洛文尼亚。高海拔与丰厚的降雪使得这里成为了冰雪运动的胜地，历届冬季奥运会的举办地也大多集聚在阿尔卑斯山脉附近。

正地处北欧的瑞典、挪威和芬兰，都有一部分国土位于北极圈内。每到冬季，遍地冰封，漫天雪飘，银装素裹。得天独厚的自然条件使北欧国家的冰雪运动丰富多彩，颇具特色。先学滑雪后学走路，滑雪是北欧国家最普及的冬季运动项目，那里几乎人人都有一副滑雪板。

美国作为经济综合国力世界排名第一的经济发达国家，参加了历届冬季奥运会的比赛，也是四届冬季奥运会的举办单位。美国人热爱冰雪运动由来已久，冬季奥运会中很多正式项目都起源于美国，比如风靡全球的单板滑雪就是源于美国的冲浪运动，自由式滑雪、冰球等逐渐成为全民热衷的项目。同时，美国拥有设施上乘、运作成熟的冰雪运动基地，在全球十大滑雪胜地中，美国就独占3个，这为普通民众参与冰雪运动创造了便利条件。

20世纪50年代以来，世界掀起了冰雪旅游的新热潮，冰雪旅游经济呈现多元化发展态势。全球冰雪旅游与整体旅游业发展水平相一致，欧美地区的冰雪旅游发展起步较早、历史悠久，已经形成了相当大的规模，并建立了庞大而完善的冰雪旅游产业体系。全球冰雪旅游发展格局集中于三大区域，即欧洲、北美、东亚及太平洋，这三大区域也是全球旅游业最为发达的地区。

第二部分　案例研究

一、研究说明

（一）案例分析目的

我国冰雪运动历史悠久，并广泛应用于狩猎、交通、军事等领域。但随着时代的进步、现代生活方式的改变以及不科学的冰雪旅游开发等，导致中国冰雪运动与旅游市场始终作为小众市场。

随着中国的发展，国内滑雪者对于滑雪的热情日渐高涨，冰雪旅游也逐渐火热。2022 年北京冬季奥运会更是激发了中国冰雪运动的发展，几乎每个省市都建有滑雪场。2019 年 4 月 11 日发布的《2019 全球滑雪市场报告》指出，仅 2018 年一年，新开业的滑雪场就有 39 家，滑雪场总数量达 742 家。但大多数滑雪场的装备仍然很差，仅配备 1 个或几个魔毯且多为初级道。仅有 25 家滑雪场接近西方标准，但通常不具备住宿条件，且只有有限的几个可以被称为真正的滑雪度假胜地。

此外，国内对于冰雪旅游的理论研究整体与实际发展同步，且针对黑龙江地区的研究占了绝对的份额，大量针对一个地区进行研究也就导致了研究内容的重复性较高。

总体来说，与国外相比我国冰雪运动落后，理论研究不足。此时，对于国外优秀冰雪运动案例的分析与经验总结显得尤为重要。对于国外案例的分析可以达到以下目的：

其一，分析国际冰雪运动与文化旅游融合成果，挖掘其冰雪运动的文化内涵。

其二，国际冰雪运动产业链打造经验借鉴。

其三，国际冰雪运动与文化旅游产品打造、品牌塑造、市场培育以及服务特色借鉴。

其四，国际冰雪运动与文化旅游场馆打造、人才培育等经验借鉴。

其五，分析国际案例现存问题，以助国内冰雪运动与文化旅游发展规避。

其六，研究国际冬奥遗产保护与利用。

其七，分析国际冰雪运动与文化旅游未来发展前景与规划。

（二）案例选择依据

我国冰雪旅游在发展历史和开发规模上与欧美地区还存在着较大的差距，理论研究也落后国外很多年。优秀的国际冰雪旅游案例可以给中国冰雪旅游提供更多的理论模型与开发经验。

1. 旅游业发达，冰雪旅游发展较早且规模成熟，具有一定借鉴经验

整体来说，欧美地区的冰雪旅游发展时间较长，目前为止已形成较为成熟的规模与冰雪旅游产业体系。根据王玲教授的总结，目前全球冰雪旅游发展区域主要集中在三大区域，即欧洲、北美、东亚及太平洋，这三大区域也是世界范围内主要的旅游目的地和客源地，是全球旅游业最为发达的地区。此外，在非洲北部、南非以及南美洲西部的安第斯山脉也有滑雪场的零星分布。

此外，从历届奥运会的举办国来看，也主要分布于欧洲、北美、东亚及太平洋。但明显可以看出欧美地区的参与国较多，次数也较多。

欧美地区冰雪旅游发展历史悠久，主要的冰雪旅游胜地大都已开发十几年、几十年甚至上百年，而这些地区也大都拥有开发冰雪旅游的优良自然条件以及多元的民族文化。随着时代的进步，这些地区也都率先开始举办世界性冰雪体育赛事，同时也发展成为世界性冰雪体育用品的销售中心和冰雪运动教育场地。众多优势因素使得欧美地区的冰雪旅游成为世界冰雪旅游的领头羊。

亚洲的日本、韩国以及太平洋地区倡导先进的冰雪旅游开发理念，以开发高水准的度假旅游为主要目标，坚持走现代化的冰雪旅游发展之路，成为世界冰雪旅游阵营中的一股新生力量。南半球的澳大利亚则拥有独特的地域优势，当北半球进入夏季的时候，这里能够提供季节差异明显的冰雪旅游体验，世界主要冰雪旅游目的地国家开发比较如表 2-1 所示。

表 2-1　世界主要冰雪旅游目的地国家开发比较

国家	发展历史	冰雪旅游特色	主要节庆活动
法国	第 1 届冬季奥林匹克运动会于 1924 年在法国的夏慕尼举行	专业滑雪与登山、风光优美的冰雪度假村	环勃朗峰超级越野耐力赛

续表

国家	发展历史	冰雪旅游特色	主要节庆活动
瑞士	阿尔卑斯山早在 1864 年就开展滑雪运动	阿尔卑斯山滑雪天堂、欧洲乡村型度假村镇	阿尔卑斯山山地旅游节、格林德尔瓦尔德国际冰雪节
美国	早期来源于 18 世纪末 19 世纪初，从 1924 年开始的每隔 4 年 1 届的冬季奥运会，美国从未缺席，并且多次成为主办国家	大众化、产业化冰雪运动	全国冰雪俱乐部日
德国	冬季运动发源地之一，传统冰雪运动强国	大众化滑雪运动、冰雪休闲度假	新年跳台
挪威	世界滑雪故乡，世界滑雪比赛的诞生地	北极圈风光、圣诞老人故乡、冰旅之馆、湖泊之城	挪威奥斯陆滑雪节（世界四大冰雪节之一）
加拿大	1894 年已有关于冬季节庆活动的报道	全球最佳的滑雪乐园、一年四季的滑雪度假胜地	魁北克冬季狂欢节（世界三大狂欢节之一）、渥太华冬令节
奥地利	第一批的阿尔卑斯山和北方的滑雪竞赛举办地	北美最佳滑雪场、世界级度假胜地	极限挑战杯
俄罗斯	"战斗的民族"自古热爱滑雪	高山滑雪、大众化冰雪运动	Grelka Fest 音乐节
日本	1911 年引进现代滑雪技术	高品质的冰雪温泉度假旅游、冰雪博物馆	札幌雪节（世界四大冰雪节之一）、北海道冰雪节
韩国	最早的滑雪场建于 1975 年	冰雪博物馆、冰雪旅游与高尔夫以及室外温泉旅游的最佳组合	太白山雪花节、大关岭雪花节、Fun Ski & Snow Festival

2. 冰雪运动与文化旅游融合发展具有一定规模与特色

一个国家的冰雪运动文化建设可以增强国家冰雪运动凝聚力与影响力，但我国目前的冰雪运动仍然存在竞技体育和群众体育领域发展的非均衡化，其大众基础仍然比较薄弱。通过将冰雪运动与文化旅游融合发展可以更有效地将冰雪运动推广至全国，也能更好地将本地文化发扬光大。

按照一般规律，凡是具有冰雪自然环境和冰雪人文环境的地方就会形成那里的冰雪文化，但是，由于环境、社会制度及经济增长水平等的不同，所形成的冰雪文化也会不尽相同。在欧洲，冰雪旅游已经成为人们的重要生活内容。

从历史上来看，瑞士旅游业最先发展起来的项目是登山和滑雪。1787 年，日内瓦人索绪尔成功地攀上了欧洲最高峰——勃朗峰，开创了瑞士冰雪运动的先河。而当时正值欧洲浪漫主义和人文主义盛行时期，学者和诗人都呼吁要回归自然，由此，登山和滑雪便成为一种时尚。位于阿尔卑斯山的瑞士也自然而然地成为欧洲人首选的旅游地。随着时代的进步，人们对于旅游的需求也逐渐增多，瑞士开始修建大量的山路、铁路、宾馆等。特别是在第二次世界大战之后，瑞士开始大力发展滑雪旅游，修建了大量的高山索道与缆车，旅游设施也逐渐完善。现在，以登山和滑雪为主导的冰雪旅游已经成为瑞士重要的支柱产业。

参加芬兰极地冰雪之旅可以体验每年建造一次的冰雪城堡，这是芬兰的极地人工奇观。在波的尼亚湾海岸建造全世界最雄伟的冰雪城堡，这个构思早在1994年春天就已经形成了。1996年冬，冰雪城堡终于落成，1100米长的城墙围着雄伟的冰雪建筑，也围住了一个吉尼斯世界纪录。整个城堡占地13500平方米，建设用雪量为30000立方米。拉普兰人的聪明智慧在此为全世界而展现，本应是冬季的萧条景象，但在灯光与声效的冰雪艺术作品中，人们得到了灵魂的升华。1996年至今，世界许多知名的艺术家都曾在冰雪城堡中展示过自己的才华。每年被邀请的设计师，都会联同大批能工巧匠，搭建一座全新的冰城。像皇宫般的冰雪城堡内建有冰酒店、冰酒吧、冰餐厅、冰教堂、冰雪堡垒，还有大型冰雕展览。此外，芬兰的极地冰雪之旅还可以让旅游者了解北极萨米人的拉普兰文化，体验芬兰传统桑拿浴，参观北极圈里的圣诞老人村，乘坐爱斯基摩犬雪橇，进行冰雪垂钓，乘坐破冰船，体验波罗的海的破冰之旅和冰海沉浮。

挪威小城耶卢位于海拔1000多米的哈灵山区，周围分布着十多处滑雪景区。从2006年起，耶卢开始举办冰雪音乐节。每年，组委会都会邀请世界各地的音乐家来这里表演，体验"冰雪音乐"的乐趣。2008年，冰雪节组委会邀请了"卡奇科组合"来演奏"冰琴"，并且还特意请来一位冰雕师帮助他们制琴。制琴用的冰块是从附近山区的湖中开凿出来的。冰琴音色柔和，透出一种空灵感。美妙的音乐让听众忘记了外面的寒风萧瑟。

奥斯陆是挪威的首都，其北部的霍尔门科伦山是挪威人的滑雪乐园，几百年来人们在这里举行过无数次的滑雪比赛。每年3月的第一个星期六，挪威人都要欢度他们特有的"奥斯陆滑雪节"，它是挪威仅次于国庆节的第二个盛大节日；与加拿大魁北克冬季狂欢节、日本札幌的雪祭及中国哈尔滨的国际冰雪节并称世界四大冰雪节。

在瑞士，滑雪是普通百姓最普及的冬季户外运动，也是大多数家庭集体参与的项目。在雪场，上至六七十岁的老人，下至四五岁的小孩，各个年龄段的人都有。瑞士的滑雪旅游之所以发展后劲十足，重要的一点是因为他们十分重视儿童的滑雪教育。自小学开始就设有滑雪课程，很多小孩甚至从三四岁就开始学习滑雪。各个滑雪度假区中的儿童游戏区都有专人管理，父母可以把孩子托管在那里，自己上山滑雪，不够滑雪年龄的小朋友可以在这里做游戏、滑雪橇，充分体验冰雪带来的快乐，这一切均为这些孩童以后成为真正的滑雪爱好者打下了良好的基础。瑞士的滑雪学校在全国提供统一质量的服务，滑雪教练都受过专业的授课训练、护理训练和救生训练，至少会讲三种语言，所有教练都必须持证上岗，并且要经过严格的统一考试评定出教练的级别。儿童滑雪教练是这些教练中特殊的一群，他们非常有耐心并且深知儿童的生理、心理状态，寓教于乐，让孩子们轻松掌握滑雪的要领。

每年3月的第一个星期天则是瑞典的瓦萨国际滑雪节，该节日来源于瑞典一个历史、文化、国家自由和民族独立的故事，被称为瑞典第二个国庆日。每年都有来自世界30多个国家的15000多名滑雪运动员参加比赛，滑雪节也成为一个真正的国际性节日。

3. 冰雪赛事发达，冰雪运动产业链发达，产品丰富，服务有特色，发展有保障

冰雪旅游产品是指旅游者参加以冰雪活动为主要目的的旅游活动。在其产品中，既有传统旅游产品，也有新兴旅游产品。这些都具有明显的特征，其特征包括：①健身性，参加体育活动，可以锻炼身体、消除疲劳、增进健康，特别是长期居住和工作在城市里的人们，参加体育旅游活动，对于调节快节奏的工作、摆脱烦躁的生活和污染严重的环境很有好处；②大众性，冰雪旅游最受青少年的欢迎，由于冰雪旅游的特点使得老年消费者相对较少；③极好的休闲性，现代都市人生活节奏快、工作压力大，通过参加冰雪旅游以达到放松心情、调节生理、健身休闲的目的；④交际性，参加冰雪旅游活动，可以与家人、亲友或初次认识的参与者交流思想和感情，增进彼此间的了解。

此外，冰雪旅游产品是一个整体产品的概念，吃、住、行、游、购、娱六大要素缺一不可。欧洲的冰雪旅游在这方面体现得非常充分。以法国的拉普拉涅滑雪场住宿设施为例，青年旅舍、度假村、俱乐部、饭店、酒店式公寓、出租公寓、旅行拖车、木屋等，从奢华到简朴，不一而足。据统计，这里的公寓床位远多于饭店床位，俱乐部与旅行社也相对较多，因为来到这里的游客大多

是以家庭为主，所以饭店并不是主要的，可容纳一家几口的公寓倒是更多。无论是在阿尔卑斯山脚的小木屋，还是在具有阿尔卑斯特色的高级公寓式酒店里，都能够让游客体验到纯正的休闲氛围。这里各项活动设施和商业服务配套齐全，除了滑雪，还有超过50种的娱乐项目。此外还可尽情购物，享受多姿多彩的生活。

在提供冰雪旅游团体服务方面，其中滑雪产业发展较为发达的国家有：奥地利、法国、瑞士、意大利，最喜欢参加冰雪旅游的地区有：中亚、东欧和亚太地区。滑雪设施最发达的地区是欧洲，尤其是阿尔卑斯地区，拥有全世界40%的滑雪胜地。

4. 冬奥遗产保护与利用有一定经验，注重可持续发展

奥运会作为一个超大规模的、综合性的世界盛会，为举办城市、举办国乃至全世界都留下了丰富而宝贵的物质财富和精神财富，这些财富构成了奥运会独特的遗产。奥运遗产在经济、社会、文化与政治等方面，都被赋予了特殊的内涵、价值与特征。随着社会发展与技术进步，奥运遗产的内容、类型、呈现形式不断丰富，奥运遗产的参与主体、管理模式与利用手段更加多元。

奥运遗产建设可推进主办城市及其周边地区的基础设施改善，提升住房、交通、通信水平。在经济发展方面，奥运遗产可作为经济增长引擎，带动旅游购物消费，促进经济发展。例如，主办城市的旅游业可能经历以下变化：出现新的或改进的旅游景点、翻新或新建的酒店、更新的公共交通系统、优化的城市形象、旅游知识增加和文化认同深化。此外，奥运遗产作为奥运精神的象征，也有利于培养公众正确的价值观。

奥运遗产的建设不仅需要考虑为赛事活动提供设施，更需要考虑其后续的管理与利用。2006年都灵冬季奥运会奥运遗产的建设则尝试通过形态学进行分类，关注到新设施与所处环境之间的关系，使得奥运场馆的形态与当地地理特征相匹配，最终时过多年，许多奥运建筑都成为都灵象征性的地标。

此外，对于奥运遗产的管理也需要因地制宜。2010年温哥华冬季奥运会以其卓有成效的奥运遗产管理工作，成为推动奥林匹克运动可持续发展的典范。温哥华冬季奥运会在奥林匹克运动历史上第一次提出了"创造"遗产的构想，并首次建立了专门的遗产管理机构，从而保证了奥运遗产工作有目的、有组织、有计划地运行，为奥运会与加拿大社会发展留下了宝贵财富，也为2022年北京冬季奥运会遗产管理和利用工作留下了可借鉴的模式。

（三）案例分析框架

本书从基本概况、体系架构、模式与机制以及问题与经验四个方面展开，对这 11 个冰雪旅游目的地的资源条件、发展规模、产品类型、配套设施、配套服务、管理模式、体制机制、产业发展以及问题与经验进行梳理与研究，并对国际冰雪旅游目的地的发展模式与主要经验进行梳理（见图 2-1）。

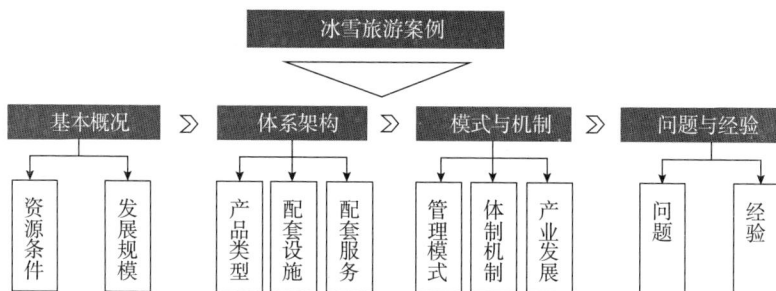

图 2-1　案例分析框架

二、法国霞慕尼

（一）基本概况

1. 资源条件

（1）地理和气候

霞慕尼小镇位于法国中部东侧，是法国高度最高的小镇之一。它位于阿尔卑斯山主峰勃朗峰下，毗邻瑞士和意大利这两个迷人的国度，市中心海拔 1035 米。在勃朗峰的恩泽下，成为了高山户外运动的旅游目的地。霞慕尼之所以能够成为欧洲滑雪运动的天堂，有着得天独厚的自然条件，每年从 9 月开始，霞慕尼地区进入雪季，两场大雪之后，勃朗峰山区就会被大雪覆盖，成为一个个天然雪场，滑雪季一直能延续到来年 4 月。

（2）自然资源

霞慕尼山谷位于勃朗峰和红峰山脉的中心，不同的区域和海拔高度都拥有各自不同的景观。

勃朗峰，又译为白朗峰，是阿尔卑斯山的最高峰，位于法国的上萨瓦省和意大利的瓦莱达奥斯塔的交界处。勃朗峰同时也是西欧第一高峰，海拔 4807 米。自小圣伯纳德山口向北延伸约 48 千米，最宽处 16 千米，包括塔古尔勃朗、莫迪、艾吉耶、多伦、韦尔特等 9 座海拔超过 4000 米的山峰。山体由结晶岩层组成。勃朗峰地势高耸，常年受西风影响，降水丰富。冬季积雪，夏不融化，白雪皑皑，冰川发育，约有 200 平方千米为冰川覆盖，顺坡下滑，西北坡法国一侧有著名的梅德冰川，东南坡意大利一侧有米阿杰和布伦瓦等大冰川。

（3）历史与文化遗产

1770 年，霞慕尼第一家旅馆开放，标志着酒店业的早期发展和首次登山探险活动的开始。

1786 年，人们首次征服勃朗峰，开启了这座山峰的新时代，并揭开了山区居民的神秘面纱。前浪漫主义和浪漫主义作家帮助人们消除对勃朗峰的未知恐惧，并将其描述为保存完整的自然神圣之地。

1816 年，第一家豪华酒店建立，酒店业在 19 世纪得到蓬勃发展，并在 20 世纪初期建立 3 家顶级豪华宫殿酒店。部分标志性事件也成为夏日旅游活动发展的代名词，其中包括 1821 年创建的霞慕尼 Compagnie des Guides 山地导游公司。

1866 年，在拿破仑三世统治时期，第一辆马车首次到达霞慕尼村庄广场。

1901 年，St Gervais Le Fayet 镇和霞慕尼镇之间的火车开始通车。火车的到来大大改善了霞慕尼小镇冬天的交通状况，由此开创了冬季运动旅游。Doctor Payot 滑雪场是霞慕尼山谷内的第一个滑雪场。

1924 年，第一届冬季奥运会在霞慕尼举办，霞慕尼山谷也被奉为冬季麦加圣城。

霞慕尼是法国海拔最高的小镇之一，拥有众多建筑遗产，成为霞慕尼悠久历史的见证。多样建筑包括黄金时代留下来的小修道院、高山农场、巴洛克式教堂、装饰艺术建筑与宫殿。这里有法国美好的一切，超棒的食物和美酒，世界一线奢侈品品牌店铺、特色的精品店、令人欲罢不能的巧克力店、一流的

SPA 馆、处处是风景的小径及四通八达的便捷交通，偶尔也夹杂着浓重的瑞士小城的味道。

正是这些多样的建筑与文化最终形成了霞慕尼无法用言语描述的独特魅力。

2. 发展规模

霞慕尼小镇的常住居民不到 10000 人，由 16 个村庄组成。

（1）滑雪场

雪场：霞慕尼山谷中汇集了大大小小 10 个雪场。

雪道：包括 12 条黑色雪道，25 条红色雪道，27 条蓝色雪道，16 条绿色雪道，总长超过 150 千米。

滑雪坡：24 千米超长的滑雪坡，可以体验穿越树林滑雪、自由滑雪和越野滑雪。

此外，霞慕尼拥有 2 个独特的越野滑雪场，提供风景如画的多样滑雪线路；可深入峡谷，可穿梭于松树林，甚至可滑到相邻的村庄歇歇脚。这里的雪场视野开阔，能够提供独一无二的全景滑雪体验。

（2）滑雪训练

这里有世界级的滑雪教练训练中心以及法国 ESF 滑雪学校，为雪友配备了最为专业的滑雪教练。

（3）接待游客

夏季是旅游旺季，游客人数每天最高可达 10 万人次，冬季游客人数在 6 万人次左右。

（二）体系架构

1. 产品类型

霞慕尼发展时间较长，冰雪旅游产品类型较多，主要以登山与滑雪为主。

（1）滑雪运动

霞慕尼滑雪场概况如表 2-2 所示。

表 2-2　霞慕尼滑雪场概况

雪场名称	介　绍
The Grands Montests (1235~3300 米)	大蒙特滑雪场的滑雪道分布在 3 个山坡（Argentière 冰川、Lognan 山坡和 Pendant 山坡），提供无尽道滑雪和越野滑雪体验。滑雪场距离冰川很近，可以利用良好的积雪条件优势，滑雪服务一直持续到 5 月上旬。滑雪场还在 Lognan 山坡的中点服务站为自由风格滑雪爱好者建立了新的滑雪公园
Brévent Flégère (1030~2525 米)	这两个滑雪场自 1997 年起就有缆车相通，可以欣赏最壮观的阿尔卑斯山全景。面朝南方的滑雪坡道拥有多样的滑雪道，可以欣赏勃朗峰 Massif 山的壮观景色。您可以在这个拥有田园般环境的滑雪场尽情享受滑雪乐趣。该滑雪场适合各种水平的滑雪者
Le Domaine de Balme (1453~2270 米)	经过乐图尔村庄和瓦洛西纳村庄就可以到达 Le Domaine De Balme 滑雪场。这是一个白雪覆盖的阿尔卑斯牧场，拥有两座完全不同的山峰，提供无尽的滑雪乐趣。在 Charamillon 山，您可以在宽阔的缓坡上尽情享受，同时可以俯瞰霞慕尼山谷全景。而瓦洛西纳村庄的滑雪场与瑞士交界，滑雪道两旁绿树成荫
Les Planards (106~1242 米)	Les Planards 滑雪场距离小镇中心仅 2 分钟路程，是一个适合初学者和中级水平滑雪者的大型滑雪场，拥有 4 道滑雪道（1 道红色、1 道蓝色，剩下 2 道为绿色）。此外，滑雪场拥有 41 架雪炮，能够保证营造出冬天的滑雪条件。滑雪场提供餐厅、阳光露台和免费停车场
Le Savoy (1049 米)	Le Savoy 滑雪场位于霞慕尼的中心，坐落在布雷芳峰（Brevent）的山脚下。滑雪场拥有两条阻力索道和旋转地毯，适合初学者和小孩前来体验滑雪。滑雪场采用人造雪，是滑雪初学者的乐园
La Vormaine (1480 米)	La Vormaine 滑雪场位于 Balme 滑雪区，坐落在 Charamillon 山的山脚下。滑雪场拥有阳光微照的滑雪坡道，是滑雪爱好者的理想之地，同时也非常适合小孩滑雪，是由滑雪学校经营的滑雪幼儿园
Les Chosalets (1230 米)	Les Chosalets 滑雪场坐落在阿让蒂耶尔村庄（Argentiere）的入口处，距离 Lognan 和大蒙特缆车仅 1500 米，是初学者和小孩的理想滑雪乐园

- **其他滑雪活动**

越野滑雪、极速滑雪、滑雪的士。

(2) 徒步旅行

徒步小径长度：350 千米。

徒步路线：160 种。

徒步旅行类型：夏日徒步旅行，冬日徒步旅行，如表 2-3 所示。

表 2-3 霞慕尼徒步旅行类型

徒步类型	内容介绍
夏日徒步旅行	Cani-rando：与狗狗一起徒步，由 Huskydalen 旅游公司推出； 勃朗峰之旅：在法国、意大利和瑞士中等海拔的山峰开展 250 千米的往返旅行；平均徒步时间为 8~10 天，每日运动量为 6 小时
冬日徒步旅行	霞慕尼和阿让蒂耶尔之间做了标记的徒步线路有 17 千米，共三条环线； 徒步类型：雪鞋徒步、狗拉雪橇

（3）登山运动

• **已被人们征服的山峰**

大乔拉斯峰（Grandes Jorasses）北面的 Walker（1938 年）和 Linceul（1968 年），Petit Dru 的西南面（1955 年），Fou 的北面（1963 年）以及杜鲁峰（Dru）的北面（1973 年）。

• **常规的攀登路线**

自古特针峰（Aiguille Du Gouter）和博斯山脊（Arête des Bosses）向上攀登；攀登霞慕尼小镇，意大利圣热尔韦（St-Gervais）和库马约尔（Courmayeur）小镇内的高峰。

• **其他难度较高的路线**

横越攀登（Traverse）：从南针峰（Aiguille du Midi）出发，途经勃朗杜塔库峰（Mont-blanc du Tacul）和穆迪峰（Mont Maudit）；或皇家横越攀登（Royal Traverse），即从 Domes de Miage 出发，途经著名的 Bionnassay 山。

（4）攀岩

• **Gaillands 岩壁**

位于霞慕尼往南 2 千米处，紧邻 Gaillands 湖，拥有各种各样由易至难的路线。1936 年，杰出的登山向导罗杰·弗里松罗氏（Roger Frison-Roche）在 les Gaillands 成立了第一所正式的攀岩学校。

• **Col des Montets 的攀岩运动**

距霞慕尼 10 千米，位于瓦洛西纳（Vallorcine）和瑞士附近，红峰（Aiguilles Rouges）自然保护区拥有非常理想的攀岩地形，有许多各种大小的花岗岩石，攀登时可以使用或者不使用绳索。

• **室内攀岩墙**

体育中心设有 180 平方米的攀岩面，800 块抱石，高 360 米。

（5）滑翔伞

霞慕尼一共有四家提供滑翔伞服务的公司：Chamonix Parapente、Evolution 2、Cham'Aventure、Peak Expérience。

（6）高尔夫

霞慕尼高尔夫球场由罗伯特·特伦特·琼斯（Robert Trent Jones）设计，球场的位置就在勃朗峰山脉和红峰（Aiguille Rouges）之间。

（7）漂流

漂流类型：峡谷漂流、激流冲浪。

提供漂流服务的公司：OXO Mont Blanc Canyoning、Evolution 2、Cham'Aventure。

（8）网球

理查德·波宗体育中心网球场拥有 2 个有篷盖的网球场，2 个壁球场，8 个硬地网球场和 5 个临时网球场。

（9）游泳

● **理查德·波宗体育中心游泳池**

中心设施：25 平方米的游泳池；配有瀑布、激流、喷水器和按摩器的游乐池；占地 130 平方米的平地雪橇场地，潜水池、日光浴室、按摩浴室、蒸气浴室和桑拿浴室。

室外活动区：公园、茶点和小吃店。

（10）体育赛事

被称作"死亡竞技的世界之都"的霞慕尼小镇因环勃朗峰超级越野赛而知名，其他世界著名的赛会活动还有 Skyrunning 世界锦标赛总决赛、世界攀岩锦标赛、自由滑雪世界巡回赛、年度的登山向导表彰大会和霞慕尼探险电影节等。霞慕尼小镇的世界攀岩锦标赛还会伴随烟花表演、音乐晚会和啤酒庆典等活动的举办，从而激发和调动所有外来游客的情绪。

2. 配套设施

（1）住宿

霞慕尼勃朗峰提供多样的住宿选择，包括酒店、木屋旅馆、公寓、乡村度假别墅、住宿+早餐旅店、露营营地等。

(2) 餐饮

霞慕尼提供多种餐饮，官网提供 13 家餐厅的咨询、预订等服务；此外，霞慕尼还有各种当地特色餐厅。

(3) 购物

霞慕尼小镇有一条主要的商业街，全长不过 1000 米。街道两侧商店、超市、药店、餐厅、咖啡馆、银行、酒店、影院等一应俱全。

(4) 交通设施

- **勃朗峰高速列车**

法国国营铁路公司提供从 Saint Gervais-le Fayet 到马蒂尼（瑞士）之间所有村庄的线路，途经赛尔沃兹（Servoz）、莱苏什（Les Houches）、霞慕尼阿让蒂耶尔（Argentière）和瓦洛西纳。

- **霞慕尼巴士**

定期城市交通线路涵盖所有山谷及滑雪地区，持有贵宾卡或滑雪缆车通行卡的乘客可以免除赛尔沃兹到乐图尔村庄（Le Tour）的车票。

- **les Mulets 巴士**

免费迷你巴士在旅游旺季时，发车时间为每 10 分钟一趟。

- **霞慕尼的停车场**

4000 个停车位，3 座室内停车场——尽在 Chamonix Sud 停车场、圣米歇尔停车场（Saint Michel）和勃朗峰停车场（Place Mont-Blanc）。

(5) 高山火车与缆车

- **艾格拉·米迪（Aiguille du Midi）缆车——勃朗峰全景缆车**

艾格拉·米迪缆车将你从海拔 1035 米的霞慕尼中心地区带到海拔 3842 米的山顶。然后乘坐勃朗峰全景缆车，360°全方位俯瞰整个勃朗峰地区的美景。

- **蒙坦威尔火车**

从霞慕尼出发，沿着著名的齿轨铁路，到达海拔 1913 米的蒙坦威尔（Montenvers）景点，然后欣赏 Mer de Glace 冰川、Drus 山和 Grands Jorasses 山的全景。

- **勃朗峰缆车**

从法耶特（Fayet）或圣热尔韦莱班（Saint Gervais），穿越 Col de Voza 和贝尔维尤（Bellevue），勃朗峰缆车将把你带到海拔 2372 米的鹰巢峰（Nid d'Aigle），可以欣赏比奥纳塞（Bionnassay）冰川的壮观美景。

- 大蒙特（Grands Montets）缆车

从阿让蒂耶尔（Argentière）村庄出发，乘坐海拔 1972 米的洛干（Lognan）缆车和海拔 3300 米的大蒙特（Grands Montets）缆车，带你进入韦特针锋（Aiguille Verte）峰顶的高山美景之中；在这里，你可以俯瞰阿让蒂耶尔冰川、Drus 山、红峰（Aiguilles Rouges）和勃朗峰的壮丽景色。

- Flegere 缆车

从海拔 1894 米的利斯帕茨村（Les Praz）出发，带你探索南区的秀美风光，可以俯瞰勃朗峰全景。到达之后将会有很多经典的徒步路线，可以通向壮观的高山湖泊。

- Brévent 缆车

从霞慕尼出发，到达海拔 2525 米的 Brévent，在这里，你将有机会欣赏南部的壮美风景，俯瞰勃朗峰的全貌。

- 乐图尔（Le Tour）—夏拉米伦（Charamillon）缆车

从乐图尔村庄和瓦洛西纳村庄（Vallocirne）出发，乘坐夏拉米伦、巴尔姆（Balme）和海拔 2185 米的奥特纳斯（Autannes）缆车，带你穿越壮观的高山农场，进入神奇的大自然世界和休闲区域。在这里，你将从完全不同的角度观赏霞慕尼山谷和勃朗峰的壮观美景。

- 利斯·波松（Les Bossons）缆车

从波松村庄出发，乘坐缆车带你穿越草地和高山木屋，到达海拔 1400 米的高度。在这里，你将可以欣赏波松冰川的壮观景色。

3. 配套服务

向导服务：霞慕尼每年服务超过数以万计的各地游客，有专门的向导公司，公司拥有超过 150 名的注册职业登山向导。其中法国登山滑雪学校（ENSA）学员需要经过至少五年的训练和考核，方能成为合格的登山向导，为游客提供全方位的霞慕尼地区滑雪、攀登服务。

商业服务：霞慕尼镇提供传统美食和西式休闲美食的餐饮服务，有滑雪、登山装备及纪念品出售等多家体育用品商店，还有酒吧等休闲娱乐服务。

观光交通：1955 年霞慕尼正式启用缆车道，将海拔 1035 米的霞慕尼主峰和海拔 3842 米的南针峰连接起来，不但为滑雪者和登山者带来了极大的便捷，而且可以使普通游客从高处领略到冰雪世界的奇异风景。

住宿服务：霞慕尼运动休闲特色小镇提供多样化的住宿选择，包含星级酒店、公寓、露营营地、青年旅舍、民宿等，除此之外还配备有物业接待服务，如度假中心、房屋租赁等。此外，游客还可办理住宿贵宾卡。使用此卡，游客可以免费乘坐当地的公交车和火车，包括赛尔沃兹到瓦洛西纳的线路；此外还可以在使用公共体育设施和艺术设施时享受优惠。

医疗救援服务：霞慕尼运动休闲特色小镇形成"急诊+医院+研究中心"的综合医疗服务体系，如霞慕尼医院、高原生态系统研究中心、山地医学培训与研究所。此外，霞慕尼还设有高山救援队，全天候值班，负责山区救援。

（三）模式与机制

1. 管理模式

欧美的小镇多采用以市场为主导的城镇发展模式，其治理经验是出台相关协调措施，维持公平的市场秩序，授予小镇充分的地方自治权，实现信息互通和利益共享，包括公共设施配给制度、总规划师制度、独立的财政权利、社会市场协作等方面。

霞慕尼的管理主要由各级政府、政府各部门联合企业和社会机构等运营主体，规划建设主体，社区主体及就业人员构成。

2. 体制机制

（1）明确多元治理主体责任

政府与市场各司其职，政府弱化行政权力，强化企业、社会组织等多元主体共同参与。政府的主要职责包括引导并创造条件、完善基础设施建设、提供资源要素保障、文化内涵挖掘传承、生态环境保护等。地方政府需要在水、电、交通、停车、排污、通信、卫生、医疗救助等公共设施方面进行完善，为投资者和消费者提供一个良好的投资与居住环境。

（2）发挥多元治理主体作用

建立相应的治理机制和治理体系，形成开放共治、联动融合的小镇治理局面。由国内外的专家学者、产业精英和专业技术人才组成决策咨询顾问团和专家库，成立专业工作机构，为小镇的规划建设提供专业化的决策智囊和技术咨询。

在运行机制上，形成协调、协作、共享、联动机制。联动机制中的"协调"主要指的是参与主体之间的上下等级关系，通过成立特色小镇规划建设领导工作小组，制定落实配套政策，定期召开工作联席会议，推进土地供给、投融资体制改革，协调解决小镇建设中出现的重大问题。"协作"强调参与主体间的分工、合作关系。"共享"提高信息处理的及时性、准确性和效率，有利于形成技术联盟和创新网络。

（3）注重协调，统一经营

在政府层面上，通过制定"冰雪规划"，充分利用和开发山区资源，帮助山区人民致富。具体措施包括开展山区冰雪资源普查，并在普查基础上进行规划；采取国家、地方政府、银行联合扶持的办法，解决滑雪基地建设的投资问题；鼓励企业和个人进行投资；鼓励科研单位和工业企业进军滑雪旅游市场等。在企业层面上，通过成立专门的机构来处理和协调各大滑雪场的关系，并由政府出面进行招商，促使一家公司出面收购其他雪场，统一开发、营运。

在营销层面上，法国滑雪度假区70%的营销费用由国家拨付，仅30%的费用是由公司承担。法国滑雪旅游业发展模式以政府推动为主导，有力地调动了地方、企业和个人的积极性，使法国冰雪资源的开发和滑雪旅游得到了快速发展，山区的经济和社会亦有了长足的发展。

3. 产业发展

霞慕尼是典型的以体育产业为核心的小镇，充分利用当地独有优势，依附于大城市，通过便捷的交通网络和产业链间的联系形成"小集中、大分散"的产业布局。特别是在登山与滑雪的体育细分领域形成产业集群效应，推动小镇体育特色化发展，同时对整个区域体育产业发展起到很大的带动作用。

霞慕尼整体以登山与滑雪作为体育产业的核心，扩展至攀岩、滑翔、徒步、漂流、游泳、网球、高尔夫等运动项目；同时通过运动赛事、商业购物、旅游交通、住宿餐饮、教育培训、文化旅游、现代服务等外围产业拓展与深化核心产业，深度挖掘和延伸产业链，形成产业集群，调整和优化产业结构，以便提供一站式服务，形成独特的产业链（圈），如图2-2所示。

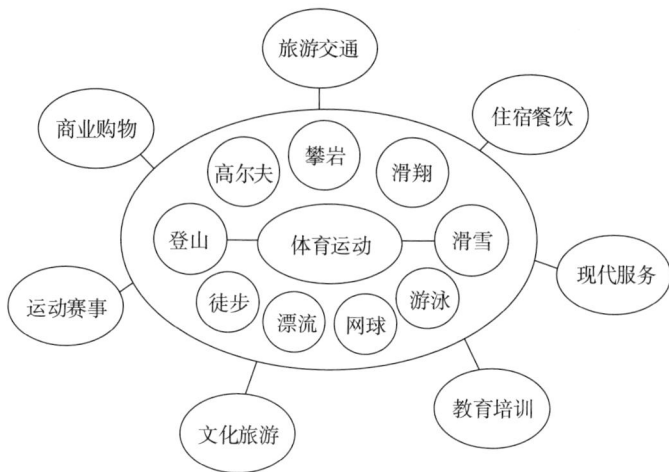

图 2-2 霞慕尼旅游产业分析

（四）经验

1. 以运营思维进行规划，完善基础设施配套服务

从项目开始就应有一份清晰的蓝图，知道怎么遴选产业、如何挖掘文化、如何构建配套产业，以及怎样构建真正宜居宜游宜业的主客共享生活空间。同时吸引对打造优质旅游度假小镇有一定兴趣的企业，以保证后期的项目招商能够切实落地。以运动为主要产业特色的小镇有明显的季节性和节假日属性，那么作为小镇的规划则更应以当地原住民和在小镇里面长期居住、生活的新住民作为优先考虑对象，而不是过于重视外来的游客，无论是基础设施，还是公共服务设施，以及整体人居环境的打造都应该为长期在小镇居住、生活、就业的这些人来优先配置。

2. 深度培育产业驱动力，实现产业融合和联动

创建冰雪运动小镇离不开大力发展体育产业，加强体育与旅游、健康、文化等领域的融合和联动。这个产业一定是根植于当地现有基础而发展出来的潜力产业，通过规划进一步提升、丰富其上下游产业链，培育出能够支撑当地实体经济的核心支柱型产业。霞慕尼集休闲旅游度假、户外登山滑雪运动、赛事体验与观赏于一体，实现了多种产业充分的融合与互动。以旅游度假为核心，

以"第二居所（生活）+生态+旅游"模型为该片区的主要经济形态。在特色小镇的产业打造方面，要做到大胆创新，深度挖掘潜力并形成产业集群，同时还需要与时俱进大力培育新业态。要发挥体育龙头企业的带头作用，在政府的政策推动下，构筑产业生态圈，为小镇提供产业驱动力。

3. 打造独一无二的品牌，提高产业附加值

确定产业之后，接下来就是开发文化产业。一是依托当地独具特色的文化积淀打造地域性文化，二是依托核心产业衍生出产业文化。只有特色鲜明的文化主线，才能保证在项目建设和产品构建的道路上实现长期盈利。小镇型冰雪旅游目的地需要特别重视文化因素，让文化成为小镇的灵魂，从文化战略高度上，使体育文化对产业发展产生出更大的综合附加值。霞慕尼小镇是产城一体的具体体现，是展示法式建筑和法国风土人情的最佳之地，其滑雪产业已成为"休闲法国"和"浪漫法国"重要的因素，引人入胜，让人流连忘返。我国在运动休闲特色小镇规划时，需要在文化、产业、生活的高度寻找更高的战略制胜点，打造独一无二的文化品牌，提高产业附加值，通过虚实结合的方式，让小镇更具影响力。

4. 利用消费驱动，增强旅游辐射力和小镇外向度

通过体育与旅游的结合，让体育文化传承和体育旅游深度结合，产生更多的驱动力。体育旅游和体育文化是特色小镇的基础，也是打通体育产业跨界融合的重要渠道。体育旅游是特色小镇的外来驱动力，通过增强体育运动吸引力，调动游客积极性，带动更大的体育消费力，提高小镇的外向度。

5. 营造生活吸引力，打造生活新空间

小镇型旅游目的地的最终目的是打造新空间，营造生活吸引力，满足人民对美好生活的需要。旅游小镇的主体是人，其创建的出发点和落脚点也是为了人，要通过现代智慧科技手段及丰富的生活配套服务设施打造宜业、宜居、宜游的休闲氛围，为人们提供一个优质的工作生活和消费平台，这样的小镇才有归属感和吸引力。法国霞慕尼、瑞士达沃斯小镇、新西兰皇后镇、美国的尤金、布鲁明顿和列克星敦小镇都是适合人类居住的小镇，很多人都愿意在这里工作、生活和休闲。

6. 立足未来对生态进行保护，完善相关政策机制

优质的生态游览环境是游客选择旅游地的重要因素。旅游度假小镇想要发

展、产生更大的经济收益，制造更具影响力的品牌效应，在对生态的改造和利用上就需要当地政府和规划部门对生态有清晰的认识和严格的控制，只有与自然生态共生的度假产品才能为运动休闲特色小镇带来持续性的经济收益。

三、瑞士圣莫里茨

（一）基本概况

阿尔卑斯传奇圣莫里茨（St. Moritz）是两届冬季奥运会和四次阿尔卑斯世界滑雪锦标赛的举办地，冰湖赛马比赛发源地。此外，著名的 Rhaetian 铁路的 Albula 和 Bernina 线路被列入联合国教科文组织世界遗产名录，使这个城市成为世界上唯一一个同时拥有联合国教科文组织和奥运会资格的目的地。

1. 资源条件

（1）地理与气候

圣莫里茨位于瑞士东南部的格劳宾登州，库尔东南、因河河谷上游，被山清水秀的恩嘎丁山谷环抱。四周是壮丽的阿尔卑斯山峰，有冰川水补给莱茵河、波河和多瑙河。

这座坐落在瑞士东南部、因河河谷上游的小城，自古以来就享有得天独厚的气候条件。干燥的大陆性气候造就了圣莫里茨丰富多样的四季景观，这里冬季湖水会结冰，夏季七八月都可能下雪。圣莫里茨一年中拥有 320 天的充足日照，每逢气候适宜的季节，干燥的空气和闪耀的阳光交相呼应，空气会似香槟气泡般闪闪发亮，当地人称这种气候为"香槟气候"。在秋季清晨来到恩嘎丁，还有机会领略这里特有的天气现象，即 Maloja 马洛亚风，像长蛇一样的白色马洛亚风沿着广阔的山谷盘行。当马洛亚风升起时，潮湿的空气变成云和雾，只有当低空气温升高时，它们才会散去。

圣莫里茨共有 5 个风光旖旎的高山湖泊：圣莫里茨湖、恰姆菲尔湖、席尔瓦普拉纳湖、锡尔斯湖和施塔泽湖。其中，圣莫里茨湖被誉为"瑞士最美的湖泊"。此外，恩嘎丁地区还有科尔瓦奇峰（3303 米）、仙女峰（2973 米）、魔塔拉山（2465 米）等风景优美的山峰。恩嘎丁地区共有 173 座冰川，约占上恩嘎丁面积的 6%。这些冰川坐落在东阿尔卑斯最高的山峰周围。Morteratsch 冰川是当之无愧的第一，总长度约 7 千米，Roseg、Tschierva、Sella 和 Pers 冰川也都是自然赐予恩嘎丁的礼物。

（2）历史与文化资源

大约 3000 年前，圣莫里茨最初的名声要归功于治愈疾病的矿泉，正是矿泉激发了小镇的水疗和沐浴传统。

1856 年，第一个大型旅馆 Engadine Kulm 成立，此时游客以英国人为主，因为工业革命的影响，许多中产阶级兴起，他们可以到处旅游，但是，瑞士只是夏天的旅游目的地。1864 年冬季，Kulm Hotel 说服五位英国游客留下过冬，不好玩不要钱，旅馆为了讨好这五位贵宾，设计许多冬天的户外活动，如越野滑雪、冰上马球等，展现出前所未有的乐趣。1865 年春天，这些游客回到英国之后，大肆宣传瑞士冬季的风采，吸引许多人追随而至。

圣莫里茨历史悠久，创造了瑞士许多"第一"：1878 年 Kulm Hotel 安装瑞士的第一盏电灯，1891 年又安装了格劳宾登州的第一部电话，1896 年铺设瑞士第一部轻轨电车，1907 年举办第一次冰上赛马，更于 1928 年、1948 年举办冬季奥林匹克运动会。今日，圣莫里茨已成为世界上的重点冬日度假地，不少重要的商业、文化或政治高峰会议均选择在此地举行。

文化深厚是圣莫里茨最重要的特征之一，这些文化在之后的城市创建中通过不同的方式保留下来，同时也将这些展现给来自世界各地的游客。

- 博物馆

圣莫里茨博物馆概况如表 2-4 所示。

表 2-4　圣莫里茨博物馆概况

博物馆	介　绍
Berry Museum	坐落在有着 100 年历史的 Villa Arona 建筑里的 Berry Museum 是圣莫里茨众多知名地标之一，是专门为水疗医生和画家 Peter Robert Berry 而建的。博物馆里展示的除了 Peter Robert Berry 创作的油画、粉彩和素描作品以外，还有书籍、信件、笔记、日记及与音乐相关的物品和大量的文件，如地图、小册子与圣莫里茨的建立和发展有关的文字

续表

博物馆	介 绍
Forum Paracelsus	圣莫里茨的沐浴文化根深蒂固，可以追溯到公元前 1400 年。在中世纪教皇利奥十世和自然主义者帕拉塞尔苏斯的领导下，这些含铁和充气的矿泉获得了巨大的声誉和赞赏。在新近修复的帕拉塞尔苏斯论坛上，人们可以通过音频站和触摸屏来传递圣莫里茨矿泉的历史。游客可以通过饮水喷泉品尝圣莫里茨酸水
Mili Weber House	展示了 Mili Weber 这位艺术家的生活作品，包括她的插图故事、绘画、素描和研究
矿物及化石博物馆	在矿物和化石博物馆展出的是来自 Engadin，Bregaglia 地区和世界各地的发现，并且这里的矿物与珠宝也向游客出售
Museum Engiadinais	Museum Engiadinais 收藏着独具瑞士魅力的藏品，现在也通过现代科技技术为游客提供个性化展示与科普
Segantini Museum	于 1908 年开放，由建筑师 Nicolaus Hartmann 设计，为了纪念乔瓦尼·塞甘蒂尼这位画家。这座有着巨大圆顶的建筑是仿照 1900 年巴黎世界博览会上乔瓦尼·塞甘蒂尼为他的恩嘎丁全景画而设计的。圣莫里茨的 Segantini Museum 是世界上最广泛的展示这幅复兴派阿尔卑斯绘画作品的博物馆，里面有塞甘蒂尼不朽的阿尔卑斯三联画"生命—自然—死亡"，以及他所有创作时期的画作

- **艺术作品**

可能是圣莫里茨独特的美景与历史，让艺术家为它流连忘返，卓别林、香奈儿、赫本、毕加索、希区柯克、塞冈蒂尼、博伊斯等都曾从这片广袤而神奇的天地中获得灵感。著名的作家马克·吐温也在这里留下了他的足迹。随着时间的推移，圣莫里茨逐渐成为艺术的聚集地，艺术家们被圣莫里茨的美景感动并创作出圣莫里茨设计画廊、维托·施纳贝尔画廊、葛龙德雕塑等知名的艺术作品。并且这些画廊、雕塑等与圣莫里茨的步道完美结合，游客可以漫游欣赏。

2. 发展规模

(1) 高端度假

奢华、高端、大气是圣莫里茨的标签。如果要评选高海拔上的奢华之城，位于瑞士的圣莫里茨铁定当选。圣莫里茨拥有全瑞士最多的五星级酒店及

"清爽的香槟气候"，这处隐于阿尔卑斯群山中的小镇可是非富则贵人士的最爱。

骑行、高尔夫、帆船、骑马……圣莫里茨镇上的活动丰富多彩。此外，圣莫里茨创造的多次瑞士"第一"也证实圣莫里茨向来都走在时尚前端。融入自然的享受，使得各类人士都热衷于在这里度假，似乎人们也早已给圣莫里茨下了定义，即"挥洒金钱的度假地"。

（2）冰雪旅游

曾经举办过两次冬季奥运会的圣莫里茨，其冰雪运动无疑是度假中的亮点。圣莫里茨得天独厚的自然环境造就的绵密粉雪以及全世界顶级的滑雪设施，使得圣莫里茨成为"世界顶级滑雪目的地"。

滑雪区：圣莫里茨附近有 4 大滑雪区：内尔山（Piz Nair）、科尔瓦奇峰（Piz Corvatsch）、迪亚沃勒扎（Diavolezza Bernina）、穆奥塔斯穆拉佑（Muottas Muragl）。此外，还包括楚奥茨（Zuoz）地区，最高处海拔高度超过 3000 米。

雪道：圣莫里茨拥有 67 千米初级道；192 千米中级道；65 千米高级道，合计 324 千米雪道，既有给专业人士准备的长度达 35 千米的黑色雪道，也有供初学者使用的 Chill Out 雪道，Corvatsch 雪区还有一条长达 10 千米的世界最长夜滑雪道。雪道中中级雪道占到了 70%，初级占 20%，高级占 10%。

（3）游客接待量

这座位于海拔 1856 米的城市，居民只有 5000 人左右，可是每年接待的游客却有 27 万人次左右。

（二）体系架构

1. 产品类型

（1）冰雪旅游

● 滑雪运动

圣莫里茨的雪道总长度超过 350 千米，高度超过 3000 米，这里的雪道尤其适合中级水平的滑雪者，拥有 58 条缆车线路，最低海拔 1800 米，最高处海拔为 3305 米。圣莫里茨拥有 4 大滑雪区，其主要内容如表 2-5 所示。

表 2-5 圣莫里茨滑雪场概况

滑雪场	介 绍
内尔山 （Piz Nair）	主要的滑雪地集中在考尔维利亚（Corviglia） 海拔：3057 米 滑道：56 个 雪坡：除了在 3000 米高度上欣赏平日难得一见的震撼美景外，还可以在世锦赛标准的 100 公里滑道（2003 年世界锦标赛赛道）上享受高山滑雪的魅力，此赛道拥有 100% 的倾斜度（坡度 45°），滑行速度在 7 秒内可从 0 加速到 13 千米/小时，这是瑞士最陡的坡道 考尔维利亚（Corviglia）隶属于内尔山，是圣莫里茨最著名的滑雪区之一。早在 1948 年，这里便以陡峭的山势及极佳的滑雪条件成为冬季奥运会高山滑雪项目的举办地。考尔维利亚（Corviglia）滑雪区的冰雪乐园（Corviglia Snow Park）是自由滑雪爱好者的天堂，设有 30 多处滑雪障碍，其高台滑板轨道及多条滑道更能辅助滑雪者完成各种高难度的滑雪动作，因此在欧洲自由滑雪界也颇有知名度 缆车：途经香塔瑞拉（Chantarella），将旅行者送往考尔维利亚，之后可在考尔维利亚搭乘木制小电梯到内尔山，两者之间的高度差只有 524 米
迪亚沃勒扎 （Diavolezza Bernina）	迪亚沃勒扎是恩嘎丁地区最具魔力的山峰，这处海拔 2978 米的高山矗立在 Pers 和莫尔特拉奇冰河上方，周围环绕着好几处海拔 3000 米以上的山峰，来到这里的游客可以欣赏伯尔尼纳山和天然冰川地貌的独特全景 迪亚沃勒扎位于圣莫里茨东南的山脊上，山顶常年被积雪覆盖。从圣莫里茨出发乘坐火车约 40 分钟至 Bernina Diavolezza 站，从山脚坐缆车登山约 20 分钟至山顶，Diavolezza 瞭望台可以看到冰川和雪山。在山顶可以欣赏伯尔尼纳峰、莫尔特拉奇冰川、周围连绵不断的阿尔卑斯山。附近拥有四个列车系统可帮助旅行者往返山顶
科尔瓦奇峰 （Piz Corvatsch）	海拔：科尔瓦奇峰是恩嘎丁滑雪区的最高峰，海拔 3451 米，作为伯尔尼纳山系中的一员，这里常年被冰雪覆盖 雪道：瑞士最长的冰川雪道（10 千米） 滑道：10 个滑道 滑雪坡：拥有包括瑞士最长的夜间照明滑道在内的 23 处滑雪坡 最新开放了成形于 100~1000 年前的冰窟，在这处深约 140 米的"水晶宫"内，人们可以系上安全带，展开奇妙的探险之旅 亮点：可在此体验独特的夜间滑雪，每周五晚开放夜场，从 19：00 开始，到凌晨 2：00 结束，夜场雪道 4.2 千米，是瑞士最长的夜场雪道 滑雪学校：全新的滑雪学校 Schweizer Skischule Corvatsch AG 将教授初学者或进阶者有关基础滑雪、滑板滑雪、越野滑雪等类别滑雪的技巧 远足：科尔瓦奇峰地区 80 千米的远足小径风光如画，徒步爱好者可选择"水之路"到达 6 处山间湖泊；或从 Roseg 谷出发，途经可观赏到科尔瓦奇峰和周边地区全景的 Surlej

滑雪场	介　绍
穆奥塔斯穆拉佑（Muottas Muragl）	海拔：2456 米 拥有上恩嘎丁湖区令人叹为观止的美景，在穆奥塔斯穆拉佑山峰之间，旅行者能欣赏到各色峡谷、山峰及湖泊地区的美景，这处被积雪覆盖的地区同时也是圣莫里茨附近热门滑雪区之一 滑道：这里拥有 20 处弯道，总长 4.2 千米的雪橇滑道，沿着这条滑道，人们可快速到达山谷内有着百年历史的缆车站 亮点：位于 2456 米处，Romantik Hotel 内的全景餐厅，人们可在此品尝地道的恩嘎丁菜品 缆车：乘坐恩嘎丁最古老的缆车，人们可站在最佳观景处欣赏美景；独特的雪橇滑道可快速通往缆车站

- 冰上运动

圣莫里茨湖最深处有 44 米，每年 12 月到来年 5 月为结冰期。

溜冰：每个村庄和城镇都有自己的溜冰场，游客们可以在 Kulm 乡村俱乐部门前的溜冰场上滑行，这里是 1928 年和 1948 年冬季奥运会的举办地。

运动类型：其中冰上运动种类众多，如冰球、冰壶以及巴伐利亚冰壶（每周二与周四举办活动），冰湖赛马、冰上马球、冰上高尔夫球、冰上钓鱼以及冰湖板球等。

- 其他雪上运动

奥林匹克赛道滑雪：圣莫里茨"切勒里纳奥林匹克雪爬犁滑道"是世界上唯一的天然雪爬犁滑道；

直升机滑雪：乘坐直升机直接上到高山雪场享受极速滑行；

雪地马车：包辆马车，惬意地享受雪山美景。

（2）其他户外运动产品

圣莫里茨在过去的 200 年中发展出了 150 多种户外活动，除了滑雪之外，这里还可以进行的户外活动有 150 多种，如赛马、赛狗、板球、旋螺和翼伞等。

- 徒步

长途徒步：游客可乘坐缆车或火车到达 Corviglia 或 Piz Nair，在山顶享受美景与全景餐厅的美食之后，再步行下山，这些徒步路线一般需要 4~5 小时，徒步路线中有天堂餐厅或特鲁茨山餐厅可供休息，这两家宾馆都位于 Suvretta-Corviglia 地区。

短途徒步：在马洛亚和圣莫里茨之间的上恩嘎丁湖区进行一些短途徒步或轻松漫步，绕圣莫里茨湖徒步，只需要半小时左右。

主题徒步：Gastronomica 步道上，从 Furtschellas 山站徒步到浪漫的 Val Fex 山谷，在三个不同的餐厅沿途享受美味的菜餐；为期四天的桑达·塞甘蒂尼徒步旅行，从圣乔瓦尼-瓦尔达诺（San Giovanni Valdarno）到萨梅丹（Samedan），这在艺术爱好者中很受欢迎，因为这条路线包含了有关意大利画家乔瓦尼·塞甘蒂尼（1858~1899 年）人生中的一些有趣的东西。

- 山地自行车

可乘坐缆车到达海拔 3056 米的 Piz Nair 山站。在恩嘎丁地区有一系列的流动小道和路线，包括帕德拉全景之旅、苏福雷塔环线和伯尼纳快车之旅。

专门从事山地自行车的酒店可以提供双轮自行车；个别酒店和度假公寓也向客人提供山地车运输；当地的山地自行车学校也提供有组织的旅游。

- 高尔夫运动

圣莫里茨及周边地区共拥有 4 间球场，其平均海拔为 1800 米，不愧是阿尔卑斯最著名的高尔夫目的地，如表 2-6 所示。

表 2-6　圣莫里茨高尔夫俱乐部概况

高尔夫俱乐部	介　绍
圣莫里茨库尔姆高尔夫俱乐部	海拔：1860 米 场地类型：9 洞 27 杆 阿尔卑斯最古老球场之一，拥有 16 处开球区及 2 处轻击区
恩嘎丁萨梅丹高尔夫俱乐部	海拔：1738 米 场地类型：18 洞 72 杆 拥有超过 40 个击球区、多处斜坡及丘陵
恩嘎丁楚奥茨-马杜莱茵高尔夫俱乐部	海拔：1715 米 场地类型：18 洞 72 杆 球场地势差异较大，高低处最大距离为 50 米，2 处历史悠久的村庄楚奥茨与马杜莱茵的风景尽收眼底
马格纳高尔夫学院	海拔：1815 米 场地类型：6 洞 3 杆 位于 Romantik 酒店内的高尔夫训练学校拥有专业的高尔夫管理团队以及 15 处击球区、轻击区、沙坑等

● 湖上运动

席尔瓦普拉纳湖（Lake Silvaplana）持续稳定的马洛亚季风使风筝冲浪和帆船运动的冲浪速度达到每小时 80 千米，风筝冲浪者可以进行 20 秒的跳跃。

游泳：圣莫里茨地区有几十个大大小小的湖泊。Lej da Staz 这样的湖泊在夏天温度宜人，是游泳的理想胜地。最适合游泳的湖泊之一 Lej Marsch，它位于圣莫里茨和 Champfer 之间受保护的荒野中的一个小森林里，其地区配备了烧烤区、野餐桌、厕所和日光浴草坪。

(3) 高端度假

● 酒店度假

这里是阿尔卑斯地区拥有五星级酒店最多的地区，圣莫里茨也是世界上豪华酒店密度最大的城市之一。这座小城拥有 8 家五星级酒店，24 家四星级酒店，40 家三星级酒店和接近 100 家非星级酒店。无论入住哪种类型的酒店，旅客都可以在美丽的自然环境中感受这座城市的魅力。同时圣莫里茨的高端奢华公寓价格也跻身世界前十大最独特、最昂贵的房产之列，圣莫里茨五星级酒店介绍如表 2-7 所示。

表 2-7 圣莫里茨五星级酒店概况

酒店	介　绍
巴德鲁特皇宫酒店（Badrutt's Palace）	Badrutt's Palace 五星级酒店数年来迎接了无数世界各地各领域的尊贵客人。酒店有 157 个房间、37 个套间，并提供舒适高端的 SPA 服务。酒店的 6 家餐厅将经典优雅的高级烹饪到阿尔卑斯的乡村佳肴一网打尽。传统的 Renaissance 酒吧为客人供应最上等的威士忌，这里也是雪茄爱好者最中意的地方
卡尔顿酒店（Carlton Hotel）	Carlton Hotel 建于 1913 年，有 60 间基础和豪华套间。酒店内部装潢完美体现了设计师对于高级材料的运用，其中包括 1200 平方米的 SPA 区域和米其林餐厅
库尔姆酒店（Kulm Hotel）	Kulm Hotel 是圣莫里茨的第一家奢华酒店，更是第一家高山奢华酒店。开业于 1856 年的 Kulm Hotel 俯瞰着圣莫里茨湖。瑞士的第一盏电灯在此点亮
沃德山庄酒店（Waldhaus Sils Hotel）	Waldhaus Sils Hotel 开业于 1908 年，已经历 5 代人。其外形似城堡一般，依山傍水，拥有绝佳观景视野，四周还有多条徒步路线。2005 年酒店被瑞士 ICOMOS 国际古迹遗址保护协会提名为"年度历史性酒店"
凯宾斯基酒店（Kempinski Grand Hotel des Bains）	圣莫里茨的这家凯宾斯基装修典雅，还有阿尔卑斯风格的 SPA 中心以及与米其林齐名的"高勒米罗美食指南（Gault Millau）"评为 14 分高分的餐厅

续表

酒店	介　绍
家蒂诺酒店 （Giardino Mountain Hotel）	酒店距离圣莫里茨5千米。酒店拥有以产自恩嘎丁的传统材料打造的现代化家具、色彩丰富的布艺装饰以及灯具相结合的混搭风格内饰。住客可以在Stueva餐厅品尝到恩嘎丁特色菜肴
克罗尼郝夫大酒店 （Grand Hotel Kronenhof）	位于恩嘎丁蓬特雷西纳市的Grand Hotel Kronenhof五星级酒店建于19世纪，是阿尔卑斯地区地标性的巴洛克风格建筑
苏维塔之家酒店 （Suvretta House）	这是一家拥有百年历史、经历了六代酒店人的经典五星级酒店。酒店拥有171个舒适的客房以及10间宽敞的套房

- **温泉水疗度假**

圣莫里茨最初为世人所知得益于其丰富的矿泉资源，这些矿泉资源一直吸引着世界各地游客慕名而来，也奠定了其历史悠久的水疗养生传统。

除了公共浴池以外，圣莫里茨大部分酒店都配有水疗中心，如富有传奇色彩的巴德鲁特皇宫酒店保健中心、凯宾斯基酒店面积达2800平方米的保健天堂，以及圣莫里茨库姆水疗中心，游客可一边做水疗一边欣赏圣莫里茨湖的美景。

此外，恩嘎丁山谷中天然硫磺泉眼星罗密布，加上风景如画的美景和一流的设施与服务，游客可以在此充分放松并迅速恢复活力。在"圣莫里茨水疗之夜"活动期间，部分酒店的水疗中心将交替开放至深夜，客户还能享受折扣优惠。

（4）赛事节庆

- **运动赛事**

圣莫里茨是世界上顶级赛事的热门举办地之一（见表2-8），目前为止已举办了两届冬季奥运会和五届滑雪世界冠军杯。

已举办的赛事有：

1928年与1948年圣莫里茨冬季奥运会；

1880年，圣莫里茨举行了第一场冰壶比赛；

1882年，第一届欧洲滑冰锦标赛；

1889年，圣莫里茨举行了阿尔卑斯地区第一场高尔夫比赛；

1906年，赛马比赛首次在圣莫里茨举行；

1985年，首届冬季马球比赛。

表 2-8　圣莫里茨著名赛事概况

赛事	举办时间	运营机构	介　绍
恩嘎丁滑雪马拉松	3 月	恩嘎丁滑雪马拉松俱乐部	恩嘎丁滑雪马拉松赛是瑞士最大的越野滑雪赛事，也是世界第二大越野滑雪赛事。自 1969 年以来，成千上万的参与者在 3 月的第二个星期日跑完马拉松路线。马拉松周的节目还包括恩嘎丁半程马拉松、恩嘎丁女子跑和恩嘎丁夜间跑
圣莫里茨雪地马球世界杯	每年 1 月底至 2 月初	圣莫里茨马球协会	于 1985 年在圣莫里茨首创，欣赏雪地马球赛的观众则通常可通过场边的高围板以极近的距离观摩赛事，感受精彩赛况
圣莫里茨雪上赛马大会	每年 2 月 3 日/10 日/17 日	雪上赛马协会	始创于 1907 年，比赛项目分为三种类型，分别是轻驾车比赛、平地速度赛、个人滑雪赛马，奖金总额高达 440000 瑞士法郎，是瑞士最高奖金的赛事
圣莫里茨马术障碍赛	冬季夏季各一次	圣莫里茨运动协会	将传统与流行的马术相结合，逢夏季开赛的圣莫里茨马术障碍赛更倾向于山地风格
圣莫里茨城市越野滑雪赛	每年冬季	圣莫里茨越野滑雪暨水晶赛事承办中心	在小镇中心举行，镇上的街道都将变身为滑雪赛道，来自世界各地的顶级选手们将在音乐与醇美香槟的陪伴下，为观众带来高水准的比赛

● 活动节庆

自 18 世纪起，圣莫里茨以独一无二的自然环境、地质条件和自然气候在众多地区脱颖而出，成为各国游客的度假首选。随着时代的发展，圣莫里茨也因地制宜举办了无数届活动与节庆，如戏剧节、英国老爷车大赏、恩嘎丁音乐节、圣莫里茨美食节等，如表 2-9 所示。

表 2-9　圣莫里茨活动概况

赛事	举办时间	运营机构	介　绍
圣莫里茨美食节	一般在 2 月	Agency Woehrle Pirola, Marketing and Communication AG	已经有 20 年历史，来自欧洲各地的厨师都会在小镇各处的奢华酒店内，为食客带来梦幻美食体验；除了超过数十个美食活动及主打酒、巧克力、海鲜、鱼子酱等主题的美食家聚会外，发掘年轻厨师厨艺天赋的"恩嘎丁青年厨艺大赛"亦将精彩上演

赛事	举办时间	运营机构	介　绍
英国老爷车大赏	每年7月	英式老爷车协会	来自各大名厂设计的老爷车将从圣莫里茨小镇及通往阿尔卑斯恩嘎丁地区的道路上驶过
圣莫里茨歌剧节	每年夏季	圣莫里茨歌剧节协会	从2006年开始，圣莫里茨歌剧节便成为小镇在夏季最为重要的音乐活动之一
恩嘎丁BSI音乐节	每年8月初	恩嘎丁BSI音乐节组委会	旨在培养和发掘年轻艺术人才，至今已举办74年

2. 配套设施

(1) 餐饮

根据《2018年米其林指南》，瑞士是欧洲星级餐厅最多的国家。在圣莫里茨，1/10的餐厅拥有世界级的餐厅评级，从高尔特·米洛到米其林星级餐厅，圣莫里茨餐厅的墙上挂着各种美食奖项。

无论在谷底还是在山上，圣莫里茨地区拥有多种多样风格和风味的美食。从米其林餐厅到普通路边或山边餐厅再到酒吧，圣莫里茨的餐饮设施齐全。

(2) 购物

圣莫里茨的尊贵由来已久，Via Serlas是全镇乃至全世界最出名的购物街，虽然只有短短的300多米，却汇集了宝缇嘉、爱马仕、宝格丽、爱丝普蕾等30多个国际顶级品牌及众多珠宝、钟表店铺，其商品更新的速度甚至比巴黎还要快。

(3) 交通

在瑞士高山地区旅行，最便捷也最值得推荐的交通工具便是火车。游客可依靠瑞士发达的交通网络前往任意目的地。

- 圣莫里兹火车站

建成于1904年的圣莫里茨火车站位于圣莫里茨湖边，也是恩嘎丁地区重要的交通枢纽之一。瑞士南部重要的景观线路阿尔布拉铁路（Albula Railway）及伯尔尼纳铁路（Bernina Railway）的终点/始发站都设在这里，此外这处火车站还提供当地巴士及邮政巴士的终点/始发服务。

- 冰川快车

冰川快车被称为"世界上行驶最慢的观景快车"，其行程近7个半小时，跨越 291 座桥梁、穿过 91 条隧道、翻过上瓦尔德山岭（海拔 2033 米），是瑞士最受欢迎的全景观列车游览路线。采尔马特、圣莫里茨和库尔、达沃斯等地均通过这条线路连接起来。

线路：采尔马特（Zermatt）—布里格（Brig）—安德马特（Andermatt）—库尔（Chur）/圣莫里茨（Davos）/达沃斯（St. Moritz）。

● RhB 铁路阿尔布拉/伯尔尼纳线

连接图西斯和波斯基亚沃的 RhB 铁路是世界铁路建造史上的奇迹，这里连接库尔和圣莫里茨的阿尔布拉铁路被评为世界上风景最优美的高山铁路。伯尔尼纳快车连接起阿尔卑斯恩嘎丁和地中海南部最美的铁路线，全程穿越 55 座隧道，跨越 196 座桥梁，文化古迹、冰川和棕榈树都尽览其间。火车将驶过雄奇壮阔的莫尔特拉奇冰川，在没有齿轮的情况下，沿着欧洲最高的铁路阿尔卑斯山口翻山越岭，登上 2253 米高的伯尔尼纳山，随后，一路蜿蜒盘旋而下，到达波斯基亚沃。而前往蒂拉诺的乘客还能在 Brusio 享受一次独一无二的乘车体验，这条名为 "Kleine Rote" 的隧道（规模小且呈红色）是被联合国教文科组织列入世界遗产名录的阿尔布拉/伯尔尼纳线路的精华部分。

● 登山火/电车、缆车/索道

自从 1896 年这里铺设瑞士第一部轻轨电车以来，为方便游客登山，圣莫里茨修建了多条登山火车与电车以及缆车与索道，涵盖了所有的常见路线。

● 直升机

除了乘坐火车旅行，度假者还可在圣莫里茨乘坐直升机欣赏伯尔尼纳群峰全景，近距离俯瞰 Bergell 山谷，全方位感受阿尔卑斯山地之美。旅行者可自由选择飞行路线，一般行程约 30 分钟，4 人起飞。目前有伯尔尼纳冰川之旅、伯尔尼纳/布雷加利亚巡游等线路。

● 公交

公交包括恩嘎丁巴士（不包括晚上 9:30 后的夜班车）、圣莫里茨镇公交、邮政巴士。

● 马车

冬夏季均可在圣莫里茨体验马车游览，这些马车将载着游客穿过阿尔卑斯山谷，感受自然之美。此外游客还可在特定路段步行游览，享用恩嘎丁特色美食。

马拉雪橇环游圣莫里茨。参与这项活动的人群将乘坐在雪橇上穿越冰冻的湖泊、被白雪覆盖的森林或圣莫里茨小城，感受冬季阿尔卑斯的高山魅力。

- **汽车与自行车租赁**

圣莫里茨镇上或周边的村镇可提供豪华轿车租赁服务，旅行者可以选择自己喜好的车型出行；游客可在圣莫里茨火车站或当地旅社中租用脚踏车，持瑞士通票（Swiss Pass），一般可享受到较为满意的折扣。

3. 配套服务

高原培训服务：这里干燥宜人的高山气候和一年平均 322 天日照的理想天气条件带给了圣莫里茨作为训练营地的完美优势。自 1929 年瑞士的第一所滑雪学校在圣莫里茨成立以来，圣莫里茨逐渐作为专业的训练基地发展起来。圣莫里茨是瑞士奥运训练基地，获"瑞士奥运训练基地金牌"称号，该中心海拔1856 米，是较为理想的训练海拔。除了在恩嘎丁准备参加重大比赛的顶级运动员，其他爱好者也欢迎使用这些设施——包括业余爱好者，以及来自瑞士和其他国家的非奥运会运动员。瑞士第一家滑雪学校 Schweizer Skischule St. Moritz于 1929 年在圣莫里茨成立，除此之外还有多家滑雪学校，可以将孩子送到滑雪学校中学习最基本的滑雪技巧。培训设施不断升级，逐渐达到最高标准。此外，对于多种户外活动，圣莫里茨也为普通游客提供贴心的教练服务。

商业服务：作为高端度假目的地，圣莫里茨提供了高端购物服务、美食餐饮服务、酒吧娱乐休闲服务、运动设备出售以及租赁服务、活动会议承办服务等。

交通服务：圣莫里茨虽然作为高山城市，但交通十分发达。既能够通过轿车、冰川快车以及其他火车线路到达，也能够通过飞机到达，普通飞机、私人飞机、直升机等均可停留恩嘎丁机场，并可前往所有欧洲目的地。此外，在圣莫里茨市内，有火车、公交、出租、缆车、游船、自行车等立体式交通供游客选择，使用这些交通工具可到达圣莫里茨所有景点。

住宿服务：为保证游客的旅游体验，圣莫里茨不仅在市区设有酒店，在徒步路线上也设立了山谷里的酒店与餐厅。

（三）模式与机制

1. 管理模式

瑞士通过成立瑞士滑雪协会，与旅游局一起规范滑雪度假区，加强对滑雪场的总体规划与管理，进行合理规划开发，并推出多项管理认证，形成一套完善的体系，最终各司其职、共同盈利。

2. 运营模式

(1) 社区模式

传统的阿尔卑斯滑雪度假地经营模式是许多小农场的农场主共同所有，一个度假区内的缆车公司、滑雪学校、滑雪公共汽车以及其他服务都是相互独立的。也就是说，滑雪场经营者、索道经营者、器材经营者、宾馆经营者都是分开经营、独立核算的。社区模式的特点有两个：一是每个独立公司与其他公司都具有紧密的联系；二是鼓励每一个独立的公司之间进行良性竞争，不是在价格上竞争，而是在为消费者提供的服务上竞争。

(2) 经费来源

瑞士旅游经费主要来源有三条渠道，即顾客、企业和政府。一是过夜税——来源于游客。如在瑞士的达沃斯，每位游客住一晚要付 1.5 法郎的游客税。二是旅游促销税——来源于企业。瑞士对于旅游企业及在旅游业中受益的行业企业，都要征收旅游促销税，税额是根据企业在旅游业发展中的获利程度确定的。三是政府直接补贴——来源于政府。这部分补贴有明确的规定，必须严格执行。

3. 产业发展

圣莫里茨的旅游资源十分发达，加之当地对其资源充分有效的开发与利用，并且发展时间较长，是典型的以旅游业为支柱产业的城市。整体来说，圣莫里茨是以高端度假为核心，以冬季的冰雪运动为特色，发展冬季旅游的同时夏季旅游也一起打造，解决了一般冰雪旅游目的地季节性的问题；围绕核心产业，充分利用当地的资源优势开发外围产业，如开发多种户外运动，丰富运动产品的类型；举办多种节庆、活动与赛事，丰富活动类型的同时打响圣莫里茨的品牌与名声；围绕游客体验，打造衣食住行全方位的服务产业。既从横向扩展产业链又从纵向延伸产业集群，打造了全方位产业链，圣莫里茨旅游产业如图 2-3 所示。

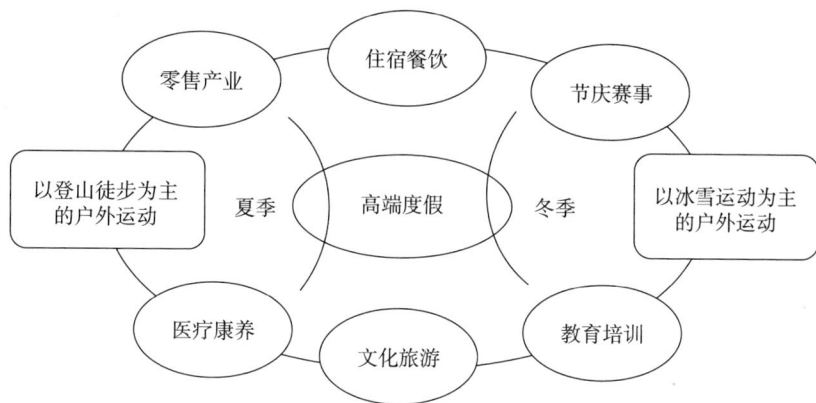

图 2-3　圣莫里茨旅游产业分析

（四）经验

1. 打造多元化产业链

在很长时间里，对于很多欧洲人来说，阿尔卑斯山区只是他们在夏季消暑的圣地，而在寒冷的冬季，他们则更乐意去温暖的地中海享受阳光。但酒店老板巴德鲁特（Johannes Badrutt）的一个打赌迎来了第一批来这里进行冬季旅游的英国人，自此圣莫里茨的冬季旅游也逐渐火热起来。

因此，圣莫里茨原本夏季一季的吸引力，延伸成了冬夏两季。随着滑雪游客的增多，游客在圣莫里茨就需要衣食住行全方位的服务。圣莫里茨的零售业、高端酒店和美食产业也随之如雨后春笋般涌现。

经营者为了在冬季也能留住游客，让游客在玩得更好的基础上发挥出无穷的智慧：阿尔卑斯山中的高尔夫球赛、圣莫里茨雪上赛马大会等。因滑雪而产生的多元化产业链就此开始，也吸引着全世界各地的游客前来休闲旅游。

2. 挖掘自身资源，提升竞争力

市场饱和、全球变暖等因素近年来一直影响着欧洲的滑雪产业。2015 年法国滑雪人次为 5200 万，比 2014 年雪季降低了 3.5%，而最近 5 年平均滑雪人次的水平也略有下降。2008 年雪季后，瑞士滑雪人次开始连续下降。尽管瑞士滑雪胜地不断努力增加人工造雪设备和更新设备，但 2015 年冬季的滑雪人次还是相比 2014 年下降了 4.4%，低于五年平均水平的 11.7%。因此，只有积极寻找自身的旅游资源，发展差异化的冰雪品牌，提高自己的核心竞争力，才能解决此问题。

圣莫里茨围绕独特的冰上运动以及滑雪的场地优势，开发了多项知名赛事并逐渐打响品牌，每年都有创新；同时从艺术文化、美食着手，结合节庆赛事、冰雪旅游等打造不同的特色产品。

3. 因地制宜，开发多种类型产品

圣莫里茨具有开发高端度假与冰雪旅游的独特优势，当地也因地制宜地从度假、运动、文化等多方面进行挖掘，打造了高端度假、户外运动、节庆赛事、文化旅游等多类型产品。此外，这里各项活动设施和商业服务配套齐全，除了滑雪，还有超过 50 种的娱乐项目供游客选择。此外游客还可尽情购物，享受多姿多彩的生活。

4. 围绕游客体验，打造齐全设施与周到服务

- 交通

全面综合的瑞士公共交通系统效率极高，被誉为当今世界的奇迹之一。由铁路、邮政巴士、游船、观光缆车组成的瑞士公共交通系统覆盖了瑞士全境所有的城市、乡村和景点。在欧洲，只有瑞士拥有覆盖全国公共交通的通票，游客可以凭借旅行票证免费乘坐瑞士交通系统网络的所有交通工具，在瑞士通行无阻，实现一票畅游；火车的列车时刻表与邮政巴士系统、湖上游船、高山列车和缆车的时刻表精确对接，游客在瑞士全境内可以无缝、安全、高效、便捷地使用不同交通工具。

- 服务

瑞士交通系统的各种票证均可在瑞士交通系统的整个火车、游船、巴士和各种高山铁路网络使用，游客可享受各类优惠，持有者可以免费参观全国的 400 多家博物馆，持有某些铁路票证可以在自行车租赁、滑雪板租赁、宾馆住宿和城市市内观光游览时享受优惠折扣。

瑞士遍布全国的火车站扮演着旅游综合服务中心的角色，为游客提供全方位服务。瑞士境内火车、巴士、游船的信息更新；配备掌握多国语言的专业人员；预订其他欧洲国家火车位；购买瑞士地图、明信片、纪念品；兑换货币、寄存行李；租借、归还或免费停放自行车。

- **智慧旅游**

瑞士旅游局与多家科技机构共同设计推出了满足各类游客需求的官方 APP、3D 实景图、二维码实时旅游信息等服务性在线旅游产品，使得游客能够更加"智慧"地在瑞士全域旅行、游玩。

SBB Mobile——游客在瑞士旅行的移动时间表和售票处。这项 APP 为使用瑞士公共交通工具的游客量身定做，游客可以在智能手机上实时查询时间表、购票。

瑞士轻松"慢"游——超过 600 个国家级、地区级和地方级的徒步、自行车、滑冰、划独木舟的路线，还包含超过 4000 条旅游信息，如住宿、自行车服务、观光景点和城镇村庄的信息。

滑雪安全助手——这款 APP 可以估算出坡度、风速、高度等滑雪环境重要指标，每到一处山坡，游客可以快速检查此地这个时节的危险系数，进而增加滑雪安全系数。

四、美国丹佛

（一）基本概况

1. 资源条件

丹佛市县（City and County of Denver），美国科罗拉多州的一个合并市县，也是科罗拉多州的首府和最大城市。

（1）自然资源

丹佛位于 Colorado Front Range 地区，西面有落基山脉、东面则有 Great Plains。整个城市总面积有 401.3 平方千米；其中 4.1 平方千米为水面面积。城市紧靠景色秀丽的落基山，城市内多公园、绿地，环境优美。

丹佛常年阳光充足，气候宜人，年日照期约 300 天，降水量为 3810 毫米，四季分明。春季阳光温暖，每年 4 月底到 5 月初樱花盛开，成为丹佛春景之一。夏季天气温和湿润，适宜户外活动。秋季是打高尔夫球的最佳季节，冬季明丽晴朗，天气暖和，落雪很少，丹佛主要自然资源如表2-10所示。

表2-10　丹佛主要自然资源概况

名称	介绍
红岩公园 （Red Rocks Park & Amphitheatre）	公园里嶙峋古怪形态各异的红色大岩石散落，还有一座红色岩石形成的圆形露天舞台，以摇滚音乐表演而闻名，音乐与岩石形成纯天然的共振，别有一番生趣。天然形成的剧场，具有神奇的收音效果
落基山国家公园 （Rocky Mountain National Park）	落基山国家公园于1915年成立，以众多的高峰和高山公路闻名。朗茨峰（Longs Peak）海拔4345米，是公园里的最高峰。每年到公园游览的游客都能够看到神奇的景色，如冰川峡谷、Trail Ridge路以及让人难以忘怀的美丽峡谷
埃文斯山风景山道 （Mount Evans Scenic Byway）	北美最高的私家车行驶公路，这条公路自海拔2652米一路攀升至海拔4350米的埃文斯山顶，沿途风景壮丽，每个转弯都可以欣赏到白雪皑皑的群山风貌，运气好的话还可能看到大角羊和高山山羊。全年道路几乎超过6个月处于积雪状态，只有5~9月开放
城市公园 （City Park）	丹佛境内最大的公园，是一张亮丽的城市名片，公园内还包含了丹佛动物园、丹佛自然科学博物馆、网球场、棒球场、足球场和两个美丽的湖泊。整个公园植被覆盖率非常高，绿树成荫的小径可供游客散步或骑自行车兜风
金门峡谷州立公园 （Golden Gate Canyon State Park）	金门峡谷州立公园位于丹佛以西的山脚下，是丹佛赏秋的好去处
华盛顿公园 （Washington Park）	典型的洛克威尔风格，拥有郁郁葱葱的景观设计。公园内有两个广阔的湖泊，两个花园，其中有一个花园是参照乔治华盛顿位于Mount Vernon的花园建造的
丹佛植物园 （Denver Botanic Gardens）	丹佛植物园位于丹佛市中心，是探索丹佛植物多样化的绝佳去处。整个植物园内共有约34000种不同的植物，共有西方花园、国际灵感花园（日本、南非和热带地）、观赏园、树荫花园和水园等45个不同主题的花园。其中还有一个主打亲子家庭的摩尔德凯儿童花园，可供亲身体验和玩耍
丹佛动物园 （Denver Zoo）	丹佛动物园成立于1896年，拥有超过600个种类，共4300只可爱的动物，包括罕见的阿穆尔豹、霍加皮、黑犀牛、吸血蝙蝠、猩猩、科莫多龙、非洲狮等；是全美最好的野生动物园之一，也是美国首个引进自然景观围栏代替动物笼子的动物园

（2）历史文化资源

丹佛建于1858年，本是煤矿小镇，建镇后不久在此发现金矿，吸引了大批淘金者。早年的丹佛是一个以煤矿、家畜和货物贸易为基础的城镇，随着铁路的修建，城市发展逐渐加速，城市经济向服务业以及物流供应转变。1861年建市，1867年成为科罗拉多行政区首府，1876年科罗拉多加入联邦，丹佛顺理成章地成为州的首府。随着落基山脉地区矿业和大平原农牧业的兴起，横贯大陆的中太平洋铁路通车，以及全国大规模的向西移民开发，城市迅速发展。

在19世纪下半期，随着丹佛的发展，吸引了不少富豪移居此地，为城市发展带来大量资金与活力，建造了许多别墅、酒店、歌剧院等著名建筑。城市的迅速发展，也使人口大增，来自德国、意大利的劳工不断涌入，此后非裔美国人以及拉美裔人口也日益增多，城市人口呈爆炸性增长，使得丹佛成为当时著名的城市。

丹佛市中心随处可见大大小小的画廊、雕塑、博物馆，丹佛是美国唯一征收"艺术税"的城市。四大职业运动队中的强队，包括美式足球强队丹佛野马队（Denver Broncos）、职棒强队科罗拉多洛矶队（Colorado Rockies）、冰球强队科罗拉多雪崩队（Colorado Avalanche）以及职业篮球丹佛金块队（Denver Nuggets）都以此为家。

丹佛主要历史文化资源如表2-11所示。

表2-11 丹佛主要历史文化资源概况

名称	介绍
丹佛艺术博物馆（Denver Art Museum）	美国海拔最高、最具有现代艺术特色建筑的艺术博物馆，馆藏的艺术品范围广，还收集了很多来自中国的藏品。博物馆的外形设计也非常有特色，是抽象主义和结构主义风格的结合表现
丹佛自然科学博物馆（Denver Museum of Nature and Science）	当地的自然科学博物馆，深受当地小朋友的喜爱。自1868年创立至今，共收藏了超过100万件藏品，包括自然历史和人类学相关藏品及各类自然科学图书资料
美国铸币局（United States Mint）	美国铸币局是世界上最大的造币厂，在这里可以看到硬币从生产线上源源不断地被生产出来，还能了解到美国的造币历史、硬币的图案设计，并且可以获得一枚纪念币。参观需要提前三周预约，并且整个参观过程不能拍照。馆内会提供免费的讲解
莫莉·布朗故居博物馆（Molly Brown House Museum）	这位夫人是电影《泰坦尼克号》里借给杰克西装的那位胖妇人的原型。她回到美国之后尽力安置了所有的幸存者，帮助遇难者家属，一生致力于慈善事业。这所故居中展现了她生活中的点点滴滴，还有一些泰坦尼克号的纪念物

名称	介 绍
丹佛公共图书馆 （Denver Public Library）	当地知名公共图书馆，也是一座历史悠久的建筑，见证了城市的发展历史，馆内展示了种类丰富的历史书籍，是了解丹佛历史的好去处

2. 发展规模

根据美国 2020 年官方统计数据，丹佛市人口为 2991231 人。

（1）滑雪场

丹佛被称为户外的滑雪天堂，距离丹佛市区不远的地方，有许多世界闻名的滑雪场，每个雪场各有特色，具有丰富的滑雪或者其他冰雪娱乐项目，吸引着来自世界各地的滑雪爱好者。只要是稍有规模的雪场都会发展成为一个滑雪小镇，在这些小镇不仅可以滑雪，还为不滑雪的游客提供雪地轮胎、机动雪橇、餐厅酒吧、精品店各种娱乐设施。

（2）其他滑雪服务

滑雪场拥有出色而专业的滑雪学校为游客提供各种难度的滑雪课程，其课程分为个人和团体课程，有的滑雪场课程甚至采用 22 种语言进行教学。滑雪场提供雪具、滑雪服租赁服务。

（3）接待游客

根据美国商务部的统计，2012 年有 6700 万人次的外国游客到美国观光，主要客源国有加拿大、墨西哥、英国、日本和德国。游客增长幅度最快的国家是中国。据旅馆网 2014 年发布的指南显示，丹佛在全美外国访客最多的 30 个城市中排名第 27 位。

（二）体系架构

1. 产品类型

（1）滑雪运动

丹佛主要滑雪场概况如表 2-12 所示。

表 2-12 丹佛主要滑雪场概况

名称	介 绍
韦尔山度假村（Vail Mountain Resort）	世界上最大的滑雪胜地之一，科罗拉多州最大的滑雪场，总面积超过 21.04 平方千米的滑雪场地，有着科罗拉多州最好的滑雪地形，包括 7 个出名的 Back Bowls 地形。拥有 31 座缆车和 195 条雪道 雪道分类：绿道 18%、蓝道 29%、黑道 28%、双黑道 25%
冬季公园度假村（Winter Park Resort）	距离丹佛西北 107.83 千米，是最受欢迎的滑雪度假村之一，拥有 25 座缆车，153 条雪道，不同难度级别雪道分布均匀。它的滑雪丘 Mary Jane Territory 在世界上享有盛名，高山丛林滑雪的地形给喜欢刺激的滑雪爱好者们带来了不少挑战，还含有 8 个具有"U"形槽等障碍物的极限地形公园 雪道分类：绿道 24%、蓝道 37%、黑道 34%、双黑道 5%
阿斯本雪堆山滑雪村（Aspen Snowmass）	由四座山（Snowmass、Buttermilk、Aspen Highlands、Aspen Mountain（Ajax））环绕着 Aspen 小镇所组成的一个滑雪场。占绝大部分面积的 Snowmass 拥有超过 20.23 平方千米的滑雪道，大多都是比较简单的绿道和蓝道；Buttermilk 比较适合初学者，绿道和蓝道的比例比较多；Aspen Highlands 主要以难度高的专业级雪道为主；Aspen Mountain 适合滑雪十分熟练的选手 拥有 43 座缆车，96 条雪道 雪道分类：绿道 5%、蓝道 48%、黑道 17%、双黑道 30%
布雷肯里奇滑雪场（Breckenridge Ski Resort）	拥有 35 座缆车，187 条雪道，多为高难度的双黑道，具有足够的挑战性，适合滑雪经验丰富和专业滑雪者们 雪道分类：绿道 11%、蓝道 31%、黑道 24%、双黑道 34%
特勒里德滑雪场（Telluride）	被选为科罗拉多州最棒的滑雪场，美国最受欢迎的滑雪胜地之一，拥有 19 座缆车，147 条雪道。雪地是如丝绒般的粉雪，雪场制高点可以搭乘在海拔约 3815 米的缆车一路通往山顶，山顶的雪道有很多被机器压平过，就算是中级滑雪者也能享受在雪地上滑雪的乐趣 雪道分类：绿道 23%、蓝道 36%、黑道 18%、双黑道 23%
比弗克里克度假村（Beaver Creek Resort）	一座豪华滑雪度假村，设施相当丰富，拥有 25 座缆车，150 条雪道。滑雪场的雪道适合一般大众与滑雪新手 雪道分类：绿道 19%、蓝道 42%、黑道 22%、双黑道 17%
斯蒂伯特滑雪场（Steamboat）	美国最大的滑雪场之一，是科罗拉多州最古老最具历史的滑雪场发源地，拥有 18 座缆车，165 条雪道。以拥有着非常平滑干爽的"香槟粉雪"出名，这种雪是适合滑雪的雪质之一 雪道分类：绿道 14%、蓝道 42%、黑道 44%、双黑道 0%

名称	介　绍
洛夫兰滑雪场 （Loveland Ski）	距离丹佛只有 85.3 千米，一小时的车程距离，是科罗拉多州最高的滑雪胜地，而且也是每个季节最早开放的滑雪场之一。拥有 7.28 平方千米的滑雪面积，10 座缆车，94 条雪道。包括 Basin 和 Valley 两个分开的营地，Basin 为主要营地，大部分的滑雪地形样式在这里都能找到；Valley 地形则比较简单，适合初学者 雪道分类：绿道 13%、蓝道 41%、黑道 20%、双黑道 26%
铜山滑雪场 （Copper Mountain）	最受喜爱的滑雪胜地之一，滑雪面积 10.08 平方千米，距离丹佛 120.7 千米，拥有 23 座缆车，142 条雪道。最有名的在于它自然形成的高中低等级滑道 雪道分类：绿道 21%、蓝道 25%、黑道 36%、双黑道 18%
基斯通滑雪场 （Keystone）	拥有 131 条雪道，20 座缆车可前往不同区域。特别之处在于它拥有三座山的地形，适合初学者的 Decorum Mountain，可享受林间滑雪的 North Peak，还有难度最高的 The Outback。另外在这里还有机会感受夜间滑雪 雪道分类：绿道 14%、蓝道 29%、黑道 57%、双黑道 0%

- **雪地轮胎**

游客坐在大轮胎形状的充气筏中，顺着蜿蜒的雪道冲下去，再由索道拉到雪坡顶。此项目不需要技巧，最适合初学者游玩。

- **其他冬季活动**

单板滑雪、雪橇滑雪、空中飞锁、溜冰、温泉。

（2）夏季户外活动

- **登山**

落基山国家公园以其众多的高峰和高山公路闻名，60 座海拔超过 3658 米的山峰坐落其间，是登山探险者的乐园。

- **徒步远足**

落基山国家公园有近 500 千米的小路，是远足者和背包客最喜欢的地方之一。其中远足最好的区域之一是 Wild Basin，它坐落于公园最东南，人们常走的路线能通往雷湖、雪岸湖和蓝鸟湖。丹佛各城市公园也是徒步的好去处。

- **落基山热气球**

乘坐热气球观看日出，乘坐前导游会测试风向，确认风向是否合适，结束后经营者会提供一些香槟、奶酪和饼干并颁发给每位游客一本证书。

- **自行车**

丹佛及周边拥有多条自行车道，如从丹佛市中心前往 Cherry Creek State

Park 的路途中有一条 60 多千米长的林荫大道，这条绿树成荫的越野自行车道曾被今日美国报评为全美五大自行车道之一，骑行者在骑行过程中可以享受沿途的南普拉特河风光。

- 其他户外活动

露营、渔猎、漂流、高尔夫、骑马、观看野生动物。

(3) 节庆活动

- 美国啤酒节

全美第一啤酒节和啤酒大赛，与德国慕尼黑啤酒节、英国伦敦啤酒节并称世界最具盛名的三大啤酒节。美国啤酒节每年在丹佛举行，期间会举办公共品尝活动和啤酒比赛，吸引了大批啤酒品牌参赛，是全美参赛啤酒品牌最多的啤酒大赛。在大赛的推动下，美国也成为世界上啤酒产量最大的国家。丹佛是全美啤酒产量最大的城市，也因此赢得了"啤酒的纳帕谷"之美誉。

- Mile High 420 Fest

丹佛最大型的免费活动之一，每年 4 月 20 日在市民中心公园举行。现场有来自本地以及世界知名的音乐家和艺术家的音乐表演，还可以在啤酒花园和具有相当规模的食品车队中尽情品尝。除此之外，现场还散发大量药店和超市的促销优惠券。

- Global Dub 演唱会

以重低音闻名的演唱会，同时也是丹佛最著名的音乐节之一。Global Dub 演唱会将在每年 5 月在红岩（Red Rocks）露天剧场举行，每年都会邀请不同的乐队与音乐人前来表演，活动的门票从 39.95 美元到 100 美元不等，外加其他费用。此外，粉丝们还可以乘坐专车前往场馆，这些班车会在购票活动开始前 30 分钟出发，出发前会有一个带食物和饮料的派对。

2. 配套设施

(1) 住宿

美国的宾馆档次不一，一般高档饭店的双人房每晚收费是 170 美元，而中档饭店为每晚 70~140 美元，经济型的旅馆则每晚只需 40~70 美元。若想节省些，可以选择青年旅馆，收费为每天 15 美元左右。价格受地段、淡旺季影响。美国的饭店通常不提供餐饮，只有少数几家会供应早餐。

(2) 餐饮

丹佛聚集了世界各地的美食，除美国地道的牛排、汉堡、三明治、比萨、炸鸡、烤鸡、沙拉、雪糕等，还有中餐、墨西哥菜、意大利菜、印度菜、法国菜、土耳其菜、日式菜肴、越南菜等。

啤酒可谓是丹佛人民最引以为豪的饮品，丹佛拥有成百上千种味道独特的精酿啤酒和数不胜数的酒馆，喝酒在丹佛已经成为了一种生活方式。

(3) 购物

第 16 商业街（16th Street Mall）是丹佛知名的购物天堂。作为丹佛主要的商业艺术步行街，这里集中了丹佛市的商业艺术精华，除数百家商店、餐饮外，还有多个文化、金融等重要机构。

樱桃溪高档购物区（Cherry Creek Shopping District）位于丹佛的市中心，是落基山脉地区首屈一指的购物区，有超过 160 家商店，在这里可以找到很多当代设计的特殊精品，也有很多国际奢华品牌。

北彻丽溪购物中心（Cherry Creek North Shopping Center）拥有 320 家商铺。

(4) 交通

- 丹佛国际机场

丹佛国际机场是丹佛—欧若拉大都会主要机场，机场面积达 137.27 平方千米，为全美占地面积最大的机场（以土地面积计算）。丹佛国际机场取代了几个已关闭的机场，如于 1995 年关闭的 Stapleton 国际机场及已于 1994 年关闭的 Lowry 空军基地，但并没有取代位于丹佛边界内的通用机场 Centennial 机场、Front Range 机场及 Jeffco 机场。

- 火车

美国全国铁路客运公司（AMTRAK）是全国性的客运铁路系统，每日提供双向往来芝加哥和加利福尼亚州 Emeryville 之间的加州微风号（California Zephyr）火车服务，丹佛即为其中的重要车站。

- 公路

丹佛有两条主要的公路分别为 I-25 和 I-70。I-25 由南面的新墨西哥州边界，经丹佛通往北面的怀俄明州边界。I-70 由西面的犹他州伸延至东面的堪萨斯州。I-225 公路穿越邻市——欧若拉（Aurora）并连接丹佛东南面的 I-25 公路。I-76 公路连接 I-70 公路的西面城市（Arvada），贯穿丹佛市北面的 I-25，并连接东北面的内布拉斯加州，最后于 I-80 公路完结。

- **公共运输**

丹佛—欧若拉大都会区的公共运输服务均由公共运输系统（RTD）管理，RTD 营运超过 1000 部巴士并为位于 38 个区的一万个巴士站服务。此外，RTD 还营运两条（C 线和 D 线）总共 25.43 千米轨道及 24 个车站的轻铁路线。Fas-Tracks 公共运输系统扩充计划将会为 Lakewood、Golden 和欧若拉提供轻铁服务。Boulder、Longmont 和丹佛国际机场也将会有往返市郊的列车服务。

- **丹佛"黄包车"**

一种特色的三轮车"Pedicab"，类似于黄包车，可以说是一种"轻奢"的出行方式。

3. 配套服务

免费公交服务：丹佛的免费公交服务是现今美国成功维持下来的唯一一处已有 31 年的历史。16 街两端是城市公交转运站，两个车站间街区的人流则通过免费公交往返，街区内禁止其他车辆进入。免费公交服务时间为每天上午 6 点到深夜，不到 2 分钟就发一班，平均每天载客 4 万人次，减少了市中心 50% 的交通拥堵状况，还能降低空气污染程度。

滑雪火车服务：丹佛和里奥格兰德西部铁路（Denver and Rio Grande Western Railroad）运作的滑雪火车，来往于丹佛和冬季公园滑雪度假村之间。

机场租车服务：机场租车公司都要用小巴接驳到租车点，各家租车公司价格相差不大，假期相对贵一些。

（三）模式与机制

1. 管理模式

（1）冰雪度假村经营模式

丹佛绝大多数的冰雪运动采用了冰雪度假村的经营模式，依托其独特的冰雪资源和气候环境，结合当地特色，建立集休闲、观光、运动、娱乐、度假为一体的旅游度假村，以大型度假区、室外滑雪场为主要形式，吸引游客，带动周边旅游、经济贸易、设备制造等相关产业发展。

（2）丹佛城市管理模式——16 街模式

在丹佛市政府的鼓励下，由"丹佛伙伴组织（DDP）""丹佛城区商业促进会（BID）"及丹佛"地区运输局（RTD）"合作实施。具体来说，丹佛免费公交系统由地区运输局负责运营，同时负责沿线道路的维修。日常维护包括16街的卫生清洁、垃圾处理、冬天扫雪、花草、树木及室外家具护理，1992年起由丹佛城区商业促进会负责。由16街周边800多户商家共同组织的街坊委员会组织"丹佛伙伴组织"，也发挥着重要的作用。它是由市中心商家领袖、民间专业人士、民意代表等公私部门人士共同合作成立的旨在推动市中心更新发展的组织，共同管理维护街区，大家乐于分摊必要的开销，这能给自己的公司带来直接的效益。每年组织成员单位代表、民选官员与其他市政官员聚集一起，探讨如何使城中心始终保持活力，会议期间大家总结上年度取得的成就，宣布下年度需要继续努力实施的建设项目与计划。此模式得到了丹佛市政府、商家、市民及游客的共同认可。

科罗拉多州旅游办事处的理念为"保护科罗拉多，它是我们的唯一"。科罗拉多州旅游局和户外"不留痕迹"道德中心共同向科罗拉多州旅游者提出了7条"保护科罗拉多—不留痕迹"呼吁信息，包括出发前须知、坚持步道、垃圾扔进垃圾桶、勿碰花草、小心火苗、保持野生动物的野性、共享步道和公园，以期保护科罗拉多州生态。

2. 产业发展

丹佛的经济早已多元化，是落基山地区的金融、工业、商业和交通运输业中心。政府、军工、服务、高科技、生化、医疗保健、教育、旅游、交通运输、农业等，都在城市经济中占有重要地位。其啤酒和饮料生产在美国名列前茅。

丹佛产业以国防工业和高科技产业为主导，以能源工业、旅游业和多种制造业等综合经济结构为特色，保持了长期的经济繁荣。此外，丹佛还是重要的公路和空运枢纽，丹佛国际机场每年旅客发送量位居全球前20。根据已公布的数据，2017年丹佛都会区GDP总量达2100亿美元，人均GDP为7.2万美元。

（四）问题与经验

1. 问题

城市发展迅速，环境社会问题显现。20世纪60年代后，由于丹佛市郊许多大型公园式购物中心的迅速扩展，市中心区停车困难、上下班高峰时段拥塞与污染等问题日益严重，丹佛 16 街的周边都市环境开始恶化，进一步使得商业活动行为明显衰退，造成了经济与社会文化上的严重损失。

2. 经验

（1） 有计划性地引导城市发展

对于城市发展带来的环境等社会问题，丹佛市政府开展复兴计划与都市整体更新计划，决定设置 16 街为行人徒步商业街，制定 16 街周边地区设计改造方案，提供免费的区间巴士往返于街区两端的公共交通转运站，大幅地改善了交通停车与污染等问题，使得丹佛市中心恢复生命活力，提升了都市生活空间环境品质，为周边地区带来了可观的经济效益，同时为丹佛创造了一个重要的都市表征辨识元素。

（2） 打造设施服务齐全的滑雪度假村

打造能够为游客提供食、住、行、游、购、娱的滑雪度假村，为游客提供一站式服务。度假村考虑到游客滑雪经验、身体素质等因素，除主要的滑雪项目外，还提供一些简单安全又刺激的冰雪项目，如雪地轮胎。度假村不但能满足游客对冰雪旅游的需求，还能满足对观光、康养、研学旅游等的需求。

（3） 保障雪场可达性

丹佛部分滑雪场提供交通服务，如从丹佛联合车站（Denver Union Station）乘坐冬季公园快车（Winter Park Express）前往冬季公园度假村（Winter Park），开启滑雪度假之旅。

冬季公园快车将该地区丰富的滑雪资源、滑雪历史和悠久的铁路历史连接在一起，为乘客带来了科罗拉多州最美丽的风景。

五、德国加米施-帕滕基兴

（一） 基本概况

欧洲凭借其得天独厚的自然条件，较早地发展了成熟的冰雪产业体系。其中，德国滑雪场数量最多，为 498 个①，主要分布在德国东南部阿尔卑斯山区的巴伐利亚地区，即加米施–帕滕基兴附近。加米施–帕滕基兴（Garmisch-Partenkirchen）是德国南部巴伐利亚州的一个城市。加米施和帕滕基兴以前是两个独立的村庄，1936 年德国举办第 4 届冬季奥林匹克运动会，这两个地区合并成一个镇，成为德国著名的冬季运动胜地。

1. 资源条件

（1）自然资源

加米施–帕滕基兴位于德国南部边境，背靠德国的最高峰楚格峰（Zugspitze），西面近邻清秀的高山湖艾布湖（Eibsee），是德国南部一处风光秀丽的旅游胜地。

加米施–帕滕基兴是从德国一侧攀登楚格峰的必经之地。楚格峰属阿尔卑斯山脉，海拔 2962 米。楚格峰的植被随海拔高度变化而分为五个层次，从山脚到山顶，依次排列着山毛榉阔叶林，柏树为主的针叶林，中欧特有的矮山松林，接着是草原和灌木丛，最后则变成一片冰雪和山岩。人们可以在此领略到不同季节的自然环境。在德国巴伐利亚州和奥地利的边界附近，是楚格山脉的主峰，山脉中有两条在德国极其罕见的冰川，坐落在楚格峰顶下 350 米，河谷上的平坦高原，是德国最高的滑雪场，也是唯一的冰川滑雪场。

艾布湖位于加米施–帕滕基兴西南方向，距离加米施–帕滕基兴约 9 千米。艾布湖形成于伊萨尔·洛伊萨赫冰川（Isar Loisach）在维尔姆（Würm）冰川末期撤退时留下的充满水的洼地。艾布湖湖面碧绿澄澈，被认为是巴伐利亚阿尔卑斯山最美丽的湖泊。

（2）历史与文化遗产

● 音乐

加米施–帕滕基兴是音乐家施特劳斯（Richard Strauss）的故乡。施特劳斯是现代管弦乐编曲大师，凭借歌剧以及交响乐享誉世界。施特劳斯晚年居住在加米施–帕滕基兴，今天，在加米施有施特劳斯研究所（举办展览和音乐会）和一年一度的施特劳斯音乐节来纪念这位作曲家。

● 壁画

加米施–帕滕基兴是一座壁画主题小镇，这些壁画由高超技术技艺的绘画和

---

① 资料来源：艾媒数据中心 2019 年统计数据。

建筑相结合，具有极高的美学价值。当地人在小镇古朴的木屋墙壁上，用传统绘画工艺制作出一幅幅精美的"吕夫特尔"壁画（Lueftlmalerei），宗教、神话、历史、民俗无不入画，特色突出，吸引了世界各地游客慕名而来。

2. 发展规模

（1）滑雪度假村

加米施-帕滕基兴市奥林匹克跳台滑雪场是最负盛名的跳台滑雪场之一，1936 年奥运会在这里举办时，它首次赢得了国际声誉。今天，它以每年四山锦标赛的传统新年跳台滑雪而闻名，跳台滑雪场总高 149 米，其中塔高 60.4 米。在冬季，由于其半透明的覆层，新跳台与周围雪景融为一体。晚上，内部塔楼被照亮，变成迷人的灯光雕塑。如今，奥林匹克跳台滑雪场已成为加米施-帕滕基兴的地标性建筑。

加米施经典滑雪度假村：加米施经典滑雪度假村横跨三个山峰，豪斯贝格（Hausberg）、克罗伊茨克（Kreuzeck）以及阿尔卑斯山（Alpspitze）。雪区拥有不同难易程度的雪道，分为简单、中等以及高难度雪道。其中豪斯贝格区的雪道比较平缓，适合家庭运动娱乐或者非专业滑雪爱好者。阿尔卑斯山峰周围雪区则适合滑雪高手，能够将整个阿尔卑斯山的壮丽景色尽收眼底。克罗伊茨克雪区是挑战者和专业运动员的场地，这里有闻名世界的坎大哈杯（Kandahar）的超级 G 比赛，7 千米的雪道拥有 1800 米垂直落差。

楚格峰是德国最受欢迎的滑雪场所之一。这里有覆盖 7 个月的皑皑白雪、天然的深雪滑坡，坐落在楚格峰顶下 350 米，是德国最高的滑雪场，也是德国唯一一个冰川滑雪场。这里有 14 条从简单到中等难度的长达 20 千米的滑雪道可供选择。除了有专业的赛道，也有给小孩子以及初学者的初学区。覆盖了滑雪比赛中所有难度级别，是滑雪高手、滑板爱好者和自由滑雪者向往的国际热门滑雪胜地。

（2）冰雪运动赛事

● 新年跳台

在加米施-帕滕基兴，人们以一种特殊的方式庆祝新年——新年跳台。每年传统的新年跳台，是举世闻名的四山滑雪的第二个项目，在新年的第一天，加米施-帕滕基兴新建的奥林匹克跳台滑雪场会吸引成千上万的体育爱好者，为世界顶级跳台滑雪运动员加油助威。

- **号角雪橇比赛**

加米施-帕滕基兴的号角雪橇比赛（Horn Sledge Races）是世界上最大的传统号角雪橇速度比赛，参赛选手在 1000 米长的赛道上竞赛，最高时速可达每小时 100 千米。号角雪橇比赛中使用的许多雪橇都是原始雪橇，由于滑道的形状，这些雪橇被称为 "Hornschlitten"，它们像山羊的角一样向四周卷曲，曾在德国阿尔卑斯山中用于运输干草和木材，至今已有 60 多年的历史。如今，这些老式雪橇成为了滑雪赛道上竞速的工具。每年的三圣节（Three Kings Day），精彩的号角雪橇赛吸引众多滑雪爱好者，成为加米施-帕滕基兴最受欢迎的体育赛事之一。

- **世界高山滑雪锦标赛**

2011 年，加米施-帕滕基兴成为阿尔卑斯世界高山滑雪锦标赛（Alpine World Ski Chanpionships）的东道主。世界高山滑雪锦标赛是由国际滑雪联合会（FIS）组织的一项世界性赛事，于 1931 年开始举办，每两年举办一届。迄今为止，德国已经举办两届。

- **冬季奥林匹克运动会**

第 4 届冬季奥林匹克运动会于 1936 年 2 月 6～16 日在德国的两个城市加米施和帕滕基兴举行，共有来自 28 个国家的 646 名运动员参加了比赛。此次冬季奥运会增加了男子 4×10 千米越野接力赛与男女山地回转障碍滑雪和快速降下两项；高山速降和超级大回转的高山滑雪在这届冬季奥运会上第一次列为冬季奥运会的正式比赛项目。此外，运动场主火炬首次引入奥运会赛场，焰火表演第一次出现在奥运会闭幕仪式上。

（二）体系架构

1. 产品类型

（1）冰雪旅游

- **雪地远足**

沿着迷人的小径，欣赏加米施-帕滕基兴的美丽雪景，聆听脚下嘎吱嘎吱的雪声，享受暂时摆脱一切烦扰的静谧时光，是来加米施-帕滕基兴必不可少的体验。从 1 月初到 3 月中旬，加米施-帕滕基兴的滑雪场几乎每天都提供雪地远足项目。专业的登山向导带领游客穿越巴伐利亚阿尔卑斯山欣赏冰雪覆盖的壮丽景观，并为游客介绍当地野生动植物的知识。此外，还开发了冬季草药远足、动物喂养远足等旅游产品。

- 雪橇

加米施-帕滕基兴有三个雪橇滑道可供游客选择，分别是 Kainzenbad、ST. Martin 和 Partnachalm，难度覆盖简单级别到挑战级别。无论是与孩子还是和朋友，加米施-帕滕基兴的赛道一定能满足需求，给游客带来无穷的乐趣。

- 冰原射击

加米施-帕滕基兴奥林匹克滑雪场是滑冰的绝佳场馆，在那里还可以体验巴伐利亚民族运动——冰原射击。如果湖面条件允许的话，可以在 Kainzenbad 的 Ice Hut 或 Riessersee 湖和 Pflegersee 湖上体验冰上运动的极致乐趣。

（2）户外运动

- 徒步旅行

观光和健身相结合逐渐成为一种广受欢迎的旅行方式。依靠阿尔卑斯山脉，加米施-帕滕基兴天然具有户外运动的优势。无论是经验丰富的登山者，或休闲徒步旅行家，还是家庭旅行或运动挑战，加米施-帕滕基兴山区为各种类型的户外运动爱好者提供绝佳的远足机会，加米施-帕滕基兴徒步旅行主要线路如表 2-13 所示。

表 2-13　加米施-帕滕基兴徒步旅行主要线路

徒步线路	距离	适合人群	线路信息
Partenkirchen Farchant	4.6 千米	初学者	这条徒步路径位于帕滕基兴最高点楚格峰，是一条面向年轻人和老年人的徒步线路，途中很多长椅上都有著名哲学家的名言，又被称作"哲学家之路"
Wettersteinalm Schachen	20 千米	历史爱好者	徒步游览的目的地是位于 Schachen 的王室，由巴伐利亚国王路德维希二世于 1869 年启用，并于 1870 年在海拔 1866 米处完工。按照传统，徒步旅行者和忠于国王的人们会在国王的生日 8 月 25 日在 Schachen 举行追悼会
Kochelbergalm Aule Alm	9.6 千米	风景爱好者	山谷附近是最受欢迎的徒步旅行线路之一，每个季节都有绝佳的自然风光。里瑟湖（Riessersee）曾举行冰上运动，今天，游客仍然可以参观位于里瑟湖上历史悠久的雪橇滑道

- **登山攀岩**

加米施-帕滕基兴拥有德国的最高峰——楚格峰，严峻的岩壁、深邃的峡谷和壮丽的风光是登山者和探险者的理想目的地。在加米施-帕滕基兴附近的攀岩峭壁上，各种难度级别的路线吸引着初学者和经验丰富的登山者探索这座雄伟的高山。

- **山地骑行**

依靠阿尔卑斯山脉，加米施-帕滕基兴发展了成熟的山地骑行运动，将骑行与旅行结合起来，使旅行变得更有探索意义，无疑增加了旅行的广度和深度。在盛开的高山草甸上，享受悠闲而轻松的骑行乐趣和充满活力的耐力运动所带来的全方位体验，加米施-帕滕基兴山地骑行主要线路如表 2-14 所示。

表 2-14　加米施-帕滕基兴山地骑行主要线路

难度	Plansee 湖	Eibsee 湖	Wetterstein
	挑战	中等	挑战
长度	76.1 千米	32.5 千米	74.9 千米
爬升	937 米	816 米	2423 米

- **越野跑步**

越野跑步对身体健康有诸多益处。在不平坦的森林、草地、碎石路上奔跑，不仅挑战腿部，还挑战上半身和躯干，增强个人平衡感、专注力和稳固性。

- **水上运动**

加米施-帕滕基兴有丰富的高山湖泊资源，水上运动爱好者在这里可以尽情体验畅游的乐趣。

Kainzenbad：加米施-帕滕基兴东南郊的天然泳池是一个综合型旅游目的地，湖区面积达 12500 平方米，水温通常在 18℃~22℃，对于各个年龄段的水上运动爱好者以及休闲游客来说，都是非常有趣的。

Pflegersee 沐浴海滩：天然的日光浴和古老的树木构成了历史悠久的 Pflegersee 沐浴海滩。色彩缤纷的划艇和一个小型的木码头使其具有独特的美丽。此外，这座小沼地对头发和皮肤还具有保养作用。

Riessersee 沐浴海滩：作为当地冰上曲棍球比赛和 1936 年冬季奥运会的场地，这座迷人的湖泊在冬季运动爱好者中广受欢迎。

- 滑翔伞

在加米施-帕滕基兴，滑翔伞的意义是：感受并体验生活，感受极致的自由。乘坐缆车从阿尔卑斯山，无论是想轻松航行，还是飞越高山，都会带来令人难忘的体验。

（3）康养旅游

- 处方远足

加米施-帕滕基兴被誉为德国"高级气候疗养胜地"。温和晴朗的天气、优质的空气、低过敏源，构成了加米施-帕滕基兴的绝佳环境。远足可以支持康复，这种最自然的运动形式恰恰是预防和治疗多种文明疾病的有效手段。路德维希-马克西米利安-慕尼黑大学根据加米施-帕滕基兴气候变化研发了气候运动疗法，为患者定制个性化的方案以保持身体健康。医生计算患者的个体适应能力，然后气候治疗师为患者选择适合的徒步路径，患者凭处方远足、放松身心。森林被视作大自然的过滤器，吸收二氧化碳并排放充足新鲜氧气，同时能够使人体保持冷热平衡。气候运动疗法对免疫系统缺陷、高血压、低血压、冠心病、新陈代谢异常、肌肉骨骼疾病、呼吸器官疾病或皮肤疾病的患者特别有益。

- 健康角

在"自然健康"的理念指导下，加米施-帕滕基兴的健康角（Health Corner）提供各种康复治疗活动，患者可以在此获得有关健康问题的所有答案。每周三健康角会围绕健康主题进行有趣的演讲，专家向患者讲解有关饮食、休闲、健康生活方式的知识，以帮助患者提高生活质量。

（4）文化旅游

- 壁画观光

木头的大屋顶、宽大的阳台和门窗、雪白的墙壁上画着各种各样鲜艳彩绘图画，仔细看那些图画都是一些圣经里的故事，还有一些飞禽走兽和花鸟鱼虫。Partenkirchen是老城，许多房屋的外墙上都画着精美的壁画，走在这条老城的街道上仿佛回到了童话的世界。

- 民族手工艺

加米施-帕滕基兴是南部民族手工艺中心，以传统的铁器、艺术木器、雕刻和酿酒闻名欧洲。高品质的传统手工业在这里得以延续，精美的传统服饰吸引着很多人的眼球。在帕滕基兴历史悠久的路德维希大街，可以看见许多小型的手工作坊，如金饰店、陶瓷店、面包店、肉店，甚至还有巧克力工厂。

（5）自然观光

加米施-帕滕基兴位于德国巴伐利亚州罗伊萨赫河河谷，远离喧嚣的大都市，为阿尔卑斯山脉所环绕。远处雪峰时隐时现，小溪汹涌澎湃，近端云雾缭绕。小镇背靠德国巍峨的最高峰楚格峰，紧邻清秀的高山湖艾泊湖，是德国南部一座风景迷人、风俗浓郁的小镇。

楚格峰，坐落在加米施-帕滕基兴城镇西南、德国与奥地利边境处，属阿尔卑斯山脉，海拔 2962 米，是德国最高峰。峰顶上有一座"慕尼黑小屋"，是德国阿尔卑斯协会的会所，附近有一个气象观测站、提供巴伐利亚美食的全景餐厅和德国海拔最高的邮局，楚格峰最著名的标志是右峰顶上的金色十字架。天气好的时候，在这里可以遥望到 4 个国家（德国、奥地利、意大利、瑞士）的山峰。

艾泊湖，位于楚格峰北侧，海拔 973 米。它的湖面碧蓝澄澈，像一颗镶嵌在一片绿色的丛林中的蓝宝石。

帕特纳赫谷，位于城镇东南，由帕特纳赫河在山岩中流淌形成，长 702 米，深 80 米，峡谷基本可以终年进入，但在春季化雪时会短期关闭。这里的岩层中可以找到 2.4 亿年前在三叠纪中期海底动物的爬行痕迹。

2. 配套设施

（1）住宿

加米施-帕滕基兴有各种类型的住宿：滑雪小屋、房屋租赁、连锁酒店、温泉度假村以及旅馆等。这些住宿设施有的在市中心，有的在楚格峰附近，还有的分布在农村地区。加米施-帕滕基兴是德国和奥地利以及国际游客的热门度假胜地，因此前往加米施-帕滕基兴的游客最好提前预订住宿。

（2）餐饮

加米施-帕滕基兴美食的影响力早已超出该地区的地域范围，这里的餐馆提供各种风味佳肴。巴伐利亚经典美食不胜枚举：苹果馅饼、李子蛋糕、德国猪肘、蒸面等。巴伐利亚州以啤酒而闻名，加米施-帕滕基兴有各种口味的啤酒，从传统的甜黑啤酒到淡啤酒，其中，博克啤酒和多贝伯克啤酒是当地人的最爱。

加米施-帕滕基兴周边有很多舒适的山区餐馆，是游客结束滑雪运动后必不可少的体验。山区餐馆除供应传统的美味佳肴，还提供地道的巴伐利亚式的款待。

（3）购物

在加米施-帕滕基兴风景如画的小巷子和繁华的街道上，大约有 450 家商店。加米施-帕滕基兴是一座融和传统与现代的小镇，除了古物商店、传统服饰商店外，还有各种吸引购物者眼球的时髦精品店等。

（4）交通设施

火车：在周末，德国铁路公司提供加米施-帕滕基兴与柏林、汉堡、科隆、法兰克福和纽伦堡市之间的直接城际快车连接，每小时一班的区域火车将游客从慕尼黑带到巴伐利亚阿尔卑斯山的度假胜地。

飞机：慕尼黑和因斯布鲁克机场是距离加米施-帕滕基兴最近的机场，游客可以乘坐巴士或火车前往加米施-帕滕基兴。

（5）器材生产

位于阿尔卑斯山的德国是冬季运动强国，但多数德国人选择到奥地利滑雪，德国是最大的滑雪旅游出口国。德国滑雪产业特色是器材装备制造（德国沃克、MARKER、所罗门、LOWA、UVEX 等世界名牌）和 ISPO 国际化冬季体育用品会展。由慕尼黑国际博览会公司举行的 ISPO 是世界上体育用品及运动时装行业最大的综合博览会，展品涵盖了体育产业的所有重要类别，其影响力辐射到 4 亿最终消费者。它是运动品牌商、零售商、分销商、设计师、媒体以及运动员共同组成的国际运动界的专业平台，每年有众多的旅游者参观。

3. 配套服务

滑雪学校：德国大部分滑雪场都有滑雪学校并配备专业教练，开设不同级别的滑雪课程。每天有定时的集体学习班，费用不高，也可以聘用私人教练进行专人指导。一般两三个小时的课程就可以掌握基本的滑雪技巧。滑雪学校里常见的是儿童班，学员年龄范围从两三岁到十几岁。德国的滑雪场上不乏四五岁的小孩子，他们娴熟的滑雪技巧让人惊叹。

滑雪租赁：在加米施-帕滕基兴，有许多体育用品租赁商店，滑雪者不仅可以租借最新的滑雪板、靴子、滑雪杖、头盔等，也可以在此维修滑雪设备。

滑雪巴士：在冬季，滑雪巴士每天多次往返于加米施-帕滕基兴主站前的广场与豪斯贝格缆车山谷站之间，为滑雪爱好者提供免费、安全、便捷的出行。

（三）模式与机制

1. 管理模式

冰雪旅游的管理模式是根据冰雪资源、旅游资源和客源市场来决定的，模式是否合理，决定着冰雪运动与文化旅游资源是否融合，决定着冰雪旅游资源与旅游市场是否对接，直接影响着冰雪旅游是否可持续发展。

（1）滑雪旅游度假模式

滑雪不应只作为一种单一的运动形式存在，它应该朝着旅游度假的生活方式转型。加米施–帕滕基兴发展了较为成熟的旅游度假模式，建设了一定规模的滑雪旅游度假村。加米施–帕滕基兴不断加强冰雪运动项目经营，背靠德国最高峰楚格峰，依靠山体建设，垂直落差大，自然条件优越，滑雪场规模大、质量高、数量多，滑雪项目种类繁多，雪上赛事活动丰富。以冰雪运动为主导产业的同时，将滑雪运动与温泉、旅游、住宿、餐饮等业态有机融合，形成集休闲、观光、运动、娱乐、度假为一体的综合型旅游度假区。

（2）分业经营模式

德国滑雪场属于典型的欧洲社会化发展模式，即彻底的分业经营模式。一个度假区内的缆车雪道运营、滑雪学校、雪具服务、餐饮、酒店以及其他服务都是相互独立的，分别由不同的经营主体投资经营、独立核算。德国大多滑雪场由专业公司经营，这种模式下独立的公司之间进行良性的竞争，从而为消费者提供更优质的服务。

（3）四季经营模式

加米施–帕滕基兴是著名的国际疗养胜地和欧洲滑雪胜地。加米施–帕滕基兴位于德国最高峰楚格峰脚下，邻近艾泊湖，气候宜人、风景优美、自然资源丰富。滑雪度假区在非雪季时间除观光、避暑、住宿、会议等活动之外，依托滑雪场的地理优势，开展登山探险、攀岩、野外拓展、山地自行车、徒步、缆车观光、滑翔伞等多种山地活动。四季经营旨在打破传统滑雪场只能冬季运营的限制，同时依托滑雪场自身环境条件，推动滑雪场全年运营。

2. 体制机制

(1) 政府部门高度重视

旅游对一个地区经济的发展具有整体带动作用，巴伐利亚州的旅游业长期列德国首位，其中以加米施-帕滕基兴最为突出。1936 年第 4 届冬季奥运会在加米施-帕滕基兴举办，当地开始着力建设冰雪运动场馆，形成了以冰雪旅游产业为地区综合效应的主导力量。德国政府部门非常重视滑雪产业，积极组织制定冰雪产业规划、政策法规等，不断加大教育、科研和推广的投入力度，对冰雪产业给予强大的科研支持和资金保障。德国有久负盛名的柏林运动器材研究所、莱比锡应用训练科学研究所等科研机构，源源不断地提供具有高科技含量的运动器材。

(2) 行业自治水平较高

德国设有滑雪协会、滑雪联合会和滑雪俱乐部等形式的民间组织，滑雪场主要由民间组织管理，它们与旅游局等政府部门相互配合，对冰雪产业的发展起到了巨大的推动作用。滑雪协会在组织行业竞赛、制定并监督规则的执行、处理与冰雪竞赛有关的问题、促进冰雪旅游产业的健康发展等方面发挥着重要作用。此外，加米施-帕滕基兴拥有国家运动员训练场馆，滑雪协会成功解决了国家队与俱乐部之间的矛盾，完善有序的比赛组织和管理体系，为国家队统一集训创造了条件，也减少了俱乐部与单项协会之间的利益摩擦。

(3) 调动社会大众广泛参与

在德国，滑雪是普通百姓最普及的冬季户外运动，是多数家庭集体出游的首选。不论是儿童、初学者，还是专业滑雪选手，都能够在加米施-帕滕基兴的滑雪度假区找到适合自己的滑雪赛道。加米施-帕滕基兴十分重视儿童的滑雪教育，很多小孩从学前就开始学习滑雪，小学阶段设有滑雪课程。

3. 产业发展

加米施-帕滕基兴形成了以滑雪运动为核心的产业集群发展模式，围绕滑雪运动，衍生出冰雪旅游所需要的各类服务、保障设施。其中，交通、餐饮、住宿等旅游行业首先被拉动，如何解决滑雪者的食宿需求、如何解决滑雪场的进入通道，是发展冰雪旅游的实际问题；作为滑雪产业组成部分的滑雪用具和装备市场快速发展，德国高端运动品牌享誉全球；为扩大区域宣传力和影响力，运动赛事、节庆演出等产业蓬勃兴起，形成了滑雪休闲度假的完整产业链（见图 2-4）。此外，由于冰雪旅游受季节性影响较大，加米施-帕滕基兴还开发了四季适宜的项目，从而带动疗养、登山、徒步旅行、山地自行车等产业，形成以滑雪运动为核心、多种户外运动项目为补充的综合型产业结构。

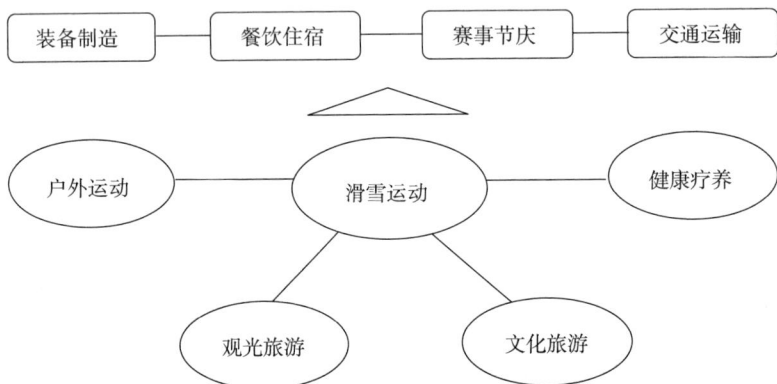

图 2-4 德国加米施-帕滕基兴旅游产业分析

（四）问题与经验

1. 问题

（1）外部客源市场份额不足

滑雪运动是德国民众最普及的一项冬季运动，加米施-帕滕基兴的冰雪旅游资源十分丰富，形成了一定规模的冰雪产业，但是由于欧洲冰雪旅游产业同质化程度高，加之自身宣传力度不够，导致加米施-帕滕基兴的冰雪运动参与者主要是当地普通群众，在旅游市场的对外知名度较低，外部客源较少。

（2）品牌差异化不显著

欧洲地区的冰雪旅游开发历史悠久，是世界性冰雪体育赛事的重要举办地，拥有近百年的冰雪产业发展史，欧洲国家形成了一套运作统一的冰雪旅游"欧洲模式"。德国虽然发展了较为成熟的冰雪旅游体系，但是自身特色不突出，未形成差异化的冰雪品牌，难以成为国际游客首选的冰雪旅游目的地。

2. 经验

(1) 开发冰雪旅游休闲度假模式

度假型滑雪场通常依托一定规模的山体，不仅拥有齐全的雪道产品外，还设有餐饮、住宿等配套设施，能够同时满足滑雪者旅游、运动、度假等需求。综合型滑雪度假村是加米施-帕滕基兴滑雪场发展的主要模式，除冬季滑雪项目，夏季会提供户外活动如高尔夫、滑翔伞、徒步旅行等项目吸引游客，其夏季的接待人次并不亚于冬季。截至 2019 年，我国只有 20 家符合度假型滑雪场的特征，占我国全部滑雪场数量的 3%。受制于季节限制，我国有 93% 以上的雪场在非雪季处于停业状态，只有不足 7% 的雪场开展夏季运营。我国滑雪场馆建设不应局限于运动属性，更要延伸到观光、休闲、度假等属性，使滑雪运动逐步成为一种休闲旅游度假模式。

(2) 建设专业化、高品质的滑雪场馆

加米施-帕滕基兴的滑雪场建设不仅规模大，而且质量和档次均较高。加米施-帕滕基兴拥有国际赛事级别的冰雪运动场馆，拥有各种难易级别的雪道。在这里，专业滑雪运动者可以挑战各种滑雪地形，还可以享受家庭滑雪区及中、初级雪道带给他们的滑雪乐趣。相比之下，尽管目前我国拥有各种规模滑雪场 770 家[①]，但是相对于与日俱增以及要求越来越高的滑雪旅游客源市场来说，我国迫切需要一些大规模高档次的滑雪场馆出现。我国应当借鉴加米施-帕滕基兴发展冰雪旅游的经验，抓住冬季奥运会的契机，科学规划、合理布局，使冰雪旅游产业发展提质升级。

(3) 推动滑雪运动大众化

我国滑雪产业起步较晚，初期滑雪产业的发展主要服务于竞技体育，市场容量有限。我国大众滑雪运动发展至今尚不到 10 年的时间，大众滑雪发展过程中仍然存在许多问题。依托天然的地理环境，加米施-帕滕基兴的滑雪运动普及率很高，冰雪运动不仅是一项竞技赛事，更是当地普通大众的生活方式。政府通过设置学校滑雪课程、降低滑雪价格、住宿、成本等方式鼓励社会大众参与滑雪，扩大滑雪运动的参与群体，上至六七十岁的老人，下至三四岁的儿童，都能在滑雪场上纵情欢乐。从少数人到大众参与滑雪的历程，将对我国滑雪运

---

① 资料来源：《中国滑雪产业白皮书（2019 年度报告）》。

动大众化普及，实现"三亿人上滑雪"提供借鉴。

六、加拿大温哥华

（一）基本概况

温哥华（Vancouver）是第 21 届冬季奥林匹克运动会的举办城市，多年被评选为全球最适宜居住的城市之一。2020 年，温哥华再次被《孤独星球》杂志评选为十大旅游城市，排名第八。2010 年温哥华冬季奥运会以其卓有成效的奥运遗产管理工作，成为推动奥林匹克运动可持续发展的典范。

1. 资源条件

（1）地理与气候

温哥华市（City of Vancouver）地处加拿大不列颠哥伦比亚省西南沿海的布勒内湾和菲莎河口的三角洲之间，是仅次于多伦多、蒙特利尔的第三大城市。温哥华给人印象最深的是其周边的海湾，绿树成荫、风景如画，是一个富裕的绿色住宅城市。

尽管温哥华纬度较高，受太平洋暖流影响，以及众多山脉作为天然屏障，温哥华全年气候温和，属温带海洋性气候，整座城市及其周边特别适合观光和出行。温哥华夏季气温不高，通常平均温度在 23℃ 左右。冬季白天最高温度可达 6℃ 左右。即使周边的山脉被积雪覆盖，整座城市里却很少下雪，但雨水充沛，有"加拿大雨都"之称。

（2）自然资源

温哥华繁华风雅，自然秀丽，是当今具有现代意义的城市。在日益追求城市生活环境的今天，温哥华本地的城市公园并没有被城市发展的脚步吞没，反而成为了标志性特色。温哥华是一座充满活力的城市，既有大都市的繁华，也有狂野的自然美景相伴。

- **自然风光**

温哥华主要自然风光景点概况如表 2-15 所示。

表 2-15 温哥华自然风光概况

自然风光	介　绍
斯坦利公园 （Stanley Park）	斯坦利公园如同一颗跳动着的温哥华绿色心脏，每年有 800 多万当地居民和游客来这里度过他们的闲暇时光。斯坦利公园占地面积超过 400 公顷，温哥华水族馆、适合照相的图腾柱、小火车、玫瑰花园、温带雨林、健行步道、公共游泳池和绿树成荫的海滩，都是大家青睐于这里的原因。天气晴朗的时候，游客可以选择两种独特的方式来体验这座公园，即乘坐一小时的斯坦利公园马车巡游，或者是租一辆自行车沿着长达 8.8 千米的海堤骑行一圈
卡佩兰奴吊桥公园（Capilano Suspension Bridge）	作为温哥华最古老、最受欢迎的旅游景点，轻轻摇曳的卡佩兰奴吊桥，长约 137 米、高 70 米，横跨激流汹涌的峡谷，本身就让人心惊胆战。游客成功地走到桥的另一端之后，迎接他们的将是树梢探险，游客可以通过离地面高达 30 米的一系列树桥在高耸的道格拉斯冷杉中穿梭，以松鼠的视角欣赏摄人心魄的雨林风光。还有不容错过的卡佩兰奴最新推出的悬崖步道，一段 215 米长的令人惊心动魄的通道，引领游客走到卡佩兰奴河上方高达 30 层楼的高度来领略这里的风景
格劳斯山（Grouse Mountain）	格劳斯山以壮丽的景色和可以俯瞰温哥华全景闻名，夏天可以在这里参观山上的野生动物，探望被收养的两只大熊；可以搭乘直升机体验这里的山色壮美；可以观看轻松幽默的伐木工人秀。在冬天，这里白雪皑皑，所以这个时候就是滑雪、单板滑雪、雪坡滑雪、雪橇的游乐胜地，在雪地上体验雪鞋健行，寻找可以吃奶酪火锅的餐厅，美食的诱惑难以拒绝！一年四季比较受欢迎的旅游项目包括格劳斯山空中滑索、适合各个消费档次的餐饮，以及观景平台"风之眼"
伊丽莎白女王公园（Queen Elizabeth Park）	位于温哥华城市的最高点，在这里你可以一览别处无法领略的风光。数年前，这里曾是一个工业采石场，但后来被开发成为一个占地 52 公顷的综合性城市公园。该公园的中心是布鲁代尔室内植物园，这个巨大的玻璃透明圆形罩也是数百种异国植物和在此栖息的鸟类的家。公园附近的植物园有近乎所有的加拿大本土树木和一些其他国家树木的样本。布鲁代尔室内植物园北部的北采石场花园专门收集耐旱的植物
中山公园（Dr. Sun Yat-Sen Classical Chinese Garden）	这个宁静的珍宝坐落于唐人街的边缘，是第一座在中国境外建造的完整的古典中式花园。中山公园的所有组成部分都是从自然中精选，或由 52 位技艺精湛的工匠在中国手工打造的。公园忠实于古典形式风格，将建筑、植物、自然雕刻的岩石及优雅蜿蜒的碧玉色水道融合在一起，来诠释古代中式花园的传统。这里有游览解说，适宜作为唐人街游览的第一站。公园里提供讲解服务，可以让游客充分了解公园的历史文化

续表

自然风光	介　绍
范度森植物园（Van Dusen Botanical Garden）	以北岸山脉为背景的范度森植物园由 40 个不同类别的小花园组成。收集亚洲植物的韩国亭是植物园的一个亮点，春季时节，杜鹃花长廊布满了奔放鲜艳的各种杜鹃花。这里还有一个由 1000 株雪松围成、深受年轻游客喜爱的迷宫。冬天，该花园则以著名的圣诞灯装饰而闻名遐迩。园内优美的自然环境令人流连忘返，一年四季都吸引着各国游客纷纷前往悠闲观光，尽情体验大自然的迷人魅力
灯塔公园（Lighthouse Park）	位于温哥华的灯塔公园建于 1914 年，占地面积 75 公顷，是温哥华知名的公园。灯塔公园位于一个自然生态保护得相当完整的海岬上。灯塔公园因公园中的灯塔而命名，灯塔始建于 1874 年，并在 1912 年重建，是加拿大西岸古老的灯塔之一。公园内灯塔所矗立的位置称为阿金森点，是乔治·温哥华于 1792 年在航海图上标注并命名的，公园内有各种小径可以使游客穿越在古老的西部红雪松和道格拉斯冷杉树之间
赛普里斯山（Cypress Mountain）	距离温哥华市中心仅 30 分钟车程的赛普里斯山位于温哥华西部城区的赛普里斯省立公园内，是加拿大最受欢迎的滑雪地之一。雪场拥有 19 千米养护良好的雪道和 7 千米带照明系统的夜间雪道，同时因为拥有最大落差、最多弯道的雪道以及最多的索道而闻名。其中高山滑雪和单板滑雪赛道长达 1135 米，垂直落差则达到 208 米。站在山顶，可以一览温哥华市区和周围海港的美景。在温哥华冬季奥运会时，这里曾进行自由式滑雪和单板滑雪两个项目的比赛
香农瀑布（Shannon Falls）	香农瀑布距离温哥华市区仅 100 千米，是由一系列悬崖组成，是不列颠哥伦比亚省第三高的瀑布。每年初夏，雪山融雪之时，就是瀑布滂沱宣泄的时候。瀑布掩映在满山的绿树林里，330 米的落差使倾泻的水花飘出百米，冲下山的水又流经许多巨石，形成涓涓小溪，最终汇入太平洋。这里有条 350 米的轻松简单徒步道，一路贯穿 Shannon Creek 两边的西部铁杉、花旗松和西部红柏森林，一直到达观景点，这个观景点可以看到壮美的森林和群山
新渡户纪念花园（Nitobe Memorial Japanese Garden）	新渡户纪念花园是一个传统的日式漫步花园。花园是为了纪念 Nitobe 博士和他的梦想而创建的，花园的建造保持了超高的真实性，每个结构、灯笼、石头、灌木和树木都经过精心打造、放置或修剪，让日本园艺的悠久历史充分融入这座城市。新渡户纪念花园在每个季节都能绽放美丽，春季的樱花、夏季的鸢尾花、秋季的枫叶都给花园带来了不一样的勃勃生机，其中每年 3~4 月的樱花季，花园更是成为温哥华著名的赏花地

（3）历史与文化遗产

温哥华以其无与伦比的自然美景和多元文化闻名世界。数千年来，海岸赛利希（Coast Salish）族人一直定居在温哥华，其尊重自然与人性的历史与文化传统和温哥华的发展紧密交织。

19 世纪初，温哥华还是一片荒野，只有一些土著过着原始的渔猎生活。19 世纪后，随着近代工业的兴起及新的矿产资源被发现，加拿大的经济从此开始提升。

1792 年，英国人乔治·温哥华海军上校的探险船航海到巴拉德湾一带。1862 年起欧洲移民在海湾沿岸定居，建立了名为格兰维尔的锯木厂小镇。

1867 年，绰号"Gassy"的杰克·丹顿（Jack Deighton）来到此地，他在盖士镇的华特尔街建造了一个木造的沙龙酒吧供四面八方来的拓荒者憩息，这就是温哥华的第一家饭店的起源。在城市西迁后盖士镇的经济便开始衰落。

1971 年，卑诗省政府将盖士镇划为文化保留区，古老建筑物因而得以保存。如今，盖士镇已成为独特的观光区，维多利亚式的建筑、铺着圆石的街道、露天咖啡座，以及古董店、精品店和餐厅，使盖士镇成为逛街、购物及用餐的好地方。在盖士镇有难得一见举世仅有的蒸汽钟，每 15 分钟喷出蒸汽一次，Cordova Street 上有各式各样的小商店，同时也可欣赏到加拿大原住民文化，这里收藏了一些很不错的艺术作品。

1886 年，加拿大太平洋铁路通达后，正式设市，为了纪念第一位到达此地的探险者，故将该市以温哥华来命名。港口和城市逐渐兴起，成为"通向东方的大门"。1890~1910 年，人口由 1.3 万增至 10 万。1914 年巴拿马运河通航后，有了通向欧洲的航运捷径，促进了温哥华的繁荣。

从 1792 年乔治·温哥华发现温哥华，到 19 世纪的淘金热。温哥华吸引了来自世界各地数以万计的人群，造就了如今温哥华多元文化的城市氛围。从各色街边小店的招牌语言，到不同肤色的市民从身边经过，初来乍到的人很难说清楚温哥华是一座"属于谁"的城市。但正是这样的环境，造就了温哥华独特的环境，无论是乡音还是家乡菜，以及这里人们平等相待的态度和热情，让历经万里路来到这里的旅行者，并不会觉得身在异乡。

2. 发展规模

温哥华下设 10 个区和 5 个镇，大温哥华地区（Metro Vancouver）现有人口 240 万，约有 63.1 万人居住在温哥华市区。

（1）滑雪度假村

温哥华拥有大大小小十几座雪场，其中顶尖的滑雪度假村有 4 个：位于惠斯勒的黑梳山（Whistler Blackcomb）、位于甘露东北面的太阳峰（Sun Peaks）、位于基隆纳周边的大白山（Big White）以及位于维农东北边的银星（Silver Star）。

惠斯勒黑梳山：滑雪面积为 2.276 平方千米，拥有 200 个雪道。其中 35 个绿道、110 个蓝道、55 个黑道；共有 18 个缆车站，每小时能运载 31162 个滑雪者，其每年的降雪量为 10.22 米。

太阳峰：滑雪面积为 2.85 平方千米，拥有 135 条雪道，其中 13 条绿道、78 条蓝道。每小时能运载 12000 名滑雪者，年降雪量为 5.59 米。

大白山：滑雪面积为 1.84 平方千米，拥有 119 条雪道。每小时能运载 28000 名滑雪者，每年的降雪量为 7.5 米。

银星：滑雪面积为 2.19 平方千米，拥有 132 条雪道。每小时能运载 14000 名滑雪者，年降雪量为 7 米。

（2）冬奥遗产转化

温哥华奥组委在筹办冬季奥运会期间，通过实地考察、委托研究等方式，总结了前几届冬季奥运会有关场馆利用的经验，在冬季奥运会结束后，将场馆重心延续在社区体育中心，以及保持现有标准吸引国际赛事两个方面。

哥伦比亚大学雷鸟竞技场在赛后依然为当地市民和哥伦比亚大学的学生服务，并且随时可以转换为冰球和冰橇训练比赛场地。惠斯勒滑行中心在赛后交付惠斯勒体育遗产组织进行管理，吸引了加拿大雪橇、雪车、钢架雪车协会来此处训练和比赛，同时其他国家的队伍也在重大比赛之前来此训练备战。该中心高水平的配套设施也吸引了世界杯有舵雪橇锦标赛、国际无舵雪橇世界锦标赛，这些赛事的举办同时吸引了大批游客来此观赛和消费。

（3）接待游客

温哥华游客量连续创新纪录，2016 年起超过 1000 万人次。其中，加拿大人是温哥华游客人数中最大的组成部分，其次，美国是温哥华旅游最大的国际市场。

（二）体系架构

1. 产品类型

（1）冰雪运动产品

在温哥华，滑雪是一项非常大众化的运动。温哥华西海岸的天气常年舒适，同时也有北美最好的高山滑雪和越野滑雪设施，三大著名雪山分别是格劳斯山

（Grouse Mountain）、赛普里斯山（Cypress Mountain）和西摩山（Mount Seymour），温哥华滑雪场概况如表2-16所示。

表2-16　温哥华滑雪场概况

雪场名称	介　绍
惠斯勒黑梳山（Whistler Blackcomb）	距离温哥华123千米的惠斯勒滑雪场作为2010年冬季奥运会的举办地，有着优质的粉雪和世界一流的滑雪设施，连续四年被 *Snow Country* 杂志评选为"北美第一滑雪场"和"北美最佳滑雪度假村"，惠斯勒滑雪区主要分惠斯勒山和黑梳山两座滑雪山，中间由山顶横渡缆车（Peak 2 Peak）相连，是世界上最长的无干扰缆车。两山共拥有200条标记雪道和15条缆车线路，黑梳山滑雪场山顶有两个冰河，即使到了夏天依然可体验滑雪乐趣，但比较适合专业和追求刺激的滑雪者；惠斯勒山最高峰海拔2182米，但滑坡较低，以中级道为主，还有部分初学者及高手滑道
太阳峰滑雪度假村（Sun Peaks Resort）	太阳峰滑雪度假村是不列颠哥伦比亚省第二大滑雪度假区，也是备受瞩目的冬季度假胜地之一。整座度假村面积可达1400公顷，有难易117条雪道，10座缆车。滑雪技术不一的滑雪游客可以选择自己的专属向导，在向导的陪同下，安全地挑战难度更高的雪道。在具备从业资格的滑雪导游与加拿大滑雪指导员联盟（CSIA）的指导员的带领下，还可以参加荒野探索之旅（Backcountry Tour）
大白山滑雪度假村（Big White Ski Resort）	大白山滑雪度假村被评为加拿大最适合全家人一起出游的滑雪胜地。拥有不列颠哥伦比亚省内陆最大、最先进的滑雪升降系统和几乎不需要排队等待的缆车服务。度假村里的儿童乐园更是孩子们放肆玩乐的天堂，为不同年龄段的儿童打造了专属的玩乐空间，并可以在乐园学习入门级别的滑雪课程。免费赠送的头盔和Flaik GPS系统，让家长免去担心孩子安全的烦恼
银星滑雪度假村（Silver Star Mountain Resort）	银星滑雪度假村内四个不同的山体共有131条雪道和12条升降缆车线路，难度逐渐增高的地形非常适合初学者。在山的背面，极为陡峭的高级雪道（黑道）和专家雪道（双黑道）则非常符合高阶探险者的要求。除了攀岩、马拉雪橇、滑冰、雪地摩托车和雪鞋行走这些老少皆宜的项目外，发明于1980年的胖胎车（Fat Biking）运动是来到银星滑雪度假村必玩的一个项目
赛普里斯山（Cypress Mountain）	赛普里斯山滑雪场距离温哥华市中心仅30分钟车程，是最受欢迎的越野滑雪地之一。滑雪场赛道长达1135米，垂直落差208米，因拥有落差高、弯道多而出名。其还设有9条滑雪缆车，其中2条高速四人缆车直达各等级雪道；并有7千米的夜间雪道，让滑雪者可以体验在夜间滑行的独特感受
西摩山（Mount Seymour）	西摩山滑雪场位于温哥华西摩山省立公园内，距离市区仅有30分钟的车程。雪场各类雪道多达40条，有4个各有特色的地形公园，还有很多开放夜场。雪鞋健行是西摩山最著名的项目之一，山上有超过10千米的雪鞋健行步道；另为儿童设置的雪槽速滑公园，适合家庭同欢

雪场名称	介　绍
格劳斯山滑雪场 （Grouse Mountain）	格劳斯山被当地人称为"松鸡山"，被誉为"温哥华之巅"，位于温哥华的北部山区，海拔 344 米。滑雪场面积 743 平方米，拥有 4 条滑雪缆车通往 26 条雪道、14 条夜间雪道、2 个地形公园，以及跳跃滑雪道，还有 10 千米长的雪鞋健行步道，并有北岸最大的人工造雪系统。除了各式滑雪道，还有滑冰、雪橇等活动，每年吸引 120 万游客到访
露易丝湖滑雪场 （Lake Louise）	露易丝湖滑雪场位于班夫国家公园（Banff National Park）里，海拔最高处为 2637 米，最低处为 1645 米，大多数雪道都在树线以上。游览班夫国家公园的时候，就可以一起滑雪了

- **其他滑雪活动**

狗拉雪橇、直升机滑雪和雪猫滑雪、越野滑雪、野外滑雪、雪地摩托车、雪鞋漫步。

- **冰壶**

冰壶在当地是一种非常普及的运动，全国有上千个冰壶俱乐部，而且一般的俱乐部价格都很便宜，在当地非常受欢迎。加拿大没有专业的冰壶国家队，但雄厚的群众基础使得业余的冰壶选手一直在冬季奥运会和世锦赛上崭露头角。

- **冰球**

冰球起源于加拿大，冰球运动集技术、平衡能力和体力于一身，高速而充满冲撞，在加拿大简直就是国家的象征。

(2) 文化旅游产品

- **特色街区**

盖士镇/煤气镇（Gastown）作为温哥华的发源地，最初只是从一家建于 1867 年的小酒馆迅速发展起来的村落，这家小酒馆由水手兼淘金者杰克·丹顿开设。这一历史悠久的街区道路由鹅卵石铺设而成，两旁林立着维多利亚式的建筑。

耶鲁镇（Yaletown）因 1986 年主办世博会而重建。这座海滨社区经历过多次重大改建。耶鲁镇以前仅是一个仓储区，这里的纺织品店和火车站广场让它与美丽和娱乐毫无关联。

格兰维尔岛（Granville Island）。20 世纪初，格兰维尔岛还只是制造厂、加工厂和伐木厂的所在地，人们都称它为工业岛（Industrial Island）。但如今这里早已是另一番景象，成为了一个艺术与文化聚集的城市岛屿。

基斯兰奴（Kitsilano）在 20 世纪 60 年代，基斯兰奴曾经是温哥华的嬉皮聚集地，时至今日，街区仍然保存着些许历史中的嬉皮文化，那些拥有时代感的老房子与公寓如今已经被当地喜爱轻松环境的时髦上班族们所占据。

Commercial Drive 曾经因大量意大利移民入住而拥有小意大利的称号，如今它渐渐成为多元文化商铺聚集的商业街。这里浓郁的文艺气息和年轻时髦的氛围让许多作家、学生、艺术家和热爱自由与生活的人都选择居住于此。

高豪港（Coal Harbour）位于 West End 的北部，巴拉德湾（Burrard Inlet）和市中心斯坦利公园（Stanley Park）的交接处，整个街区坐落于海堤沿边。1985 年因在此地发现煤矿而得名。高豪港除了油轮港口之外大部分为居民区，十分安静。

- **博物馆**

温哥华主要博物馆概况如表 2-17 所示。

表 2-17　温哥华博物馆概况

博物馆名称	介　绍
温哥华美术馆 （Vancouver Art Gallery）	从名家大师到现代极富创意的年轻艺术家，温哥华美术馆拥有超过一万幅风格迥异的作品。它主要展示从 1931 年以来不列颠哥伦比亚省艺术家们优秀的作品，从精美的画作到鲜活的照片，让人目不暇接。美术馆还存有画家 Emily Carr 的大批作品。美术馆分为永久展和临时展两部分，经常会有不同主题的雕塑、建筑、绘画作品交替在馆内展出，非常值得一看。美术馆也是温哥华有名的建筑之一，在温哥华拍的许多影视剧中都有它的身影
温哥华博物馆 （Museum of Vancouver）	温哥华博物馆是加拿大最大的市立博物馆，馆内陈列了温哥华早期的艺术作品及原住民的历史。想要进一步地了解温哥华，这里可提供充足的资讯
人类学博物馆 （Museum of Anthropology）	人类学博物馆位于不列颠哥伦比亚大学校园内，展览来自世界各地的艺术文明杰作，特别是有关太平洋西北海岸第一民族族民的作品。同时，这里也是当地重要的旅游景点、科研与教学博物馆。不列颠哥伦比亚大学的一些美术、人类学、考古学、文物保护学和博物馆学的课程也在这里进行。该博物馆收藏着 38000 件与人种相关的展品，以及 535000 人类学的展品
比尔·里德美术馆 （Bill Reid Gallery of Northwest Coast Art）	位于温哥华市中心地段，这是一个独特的展示加拿大原住民艺术的展馆之一。如果你对加拿大的民族艺术感兴趣，这是一个精简（大约 1 小时）的展览。很适合成人及学习艺术的孩子。有时会有现场的雕刻表演
温哥华海事博物馆（Vancouver Maritime Museum）	这里有许多吸引人的展台，还设有游戏区、拖船和模型船陈列。特色展品是加拿大皇家骑警船。游览路线是自己决定的，并且有服务人员提供咨询，适合所有年龄段的人参观

博物馆名称	介 绍
温哥华警察博物馆（Vancouver Police Museum）	喜欢警察职业的或热衷警匪剧的粉丝必来，博物馆包括多种多样的武器、警察设备、车辆、案例文件等
贝蒂生物多样性博物馆（Beaty Biodiversity Museum）	贝蒂生物多样性博物馆位于哥伦比亚大学内。馆藏有超过 200 万生物标本，其中一些是早在 20 世纪初就被收藏的，展览中包括一具 25 米长的从爱德华王子岛 Tignish 出土的雌性蓝鲸骨骼。该馆于 2010 年 10 月对公众开放，以两位来自哥伦比亚大学的校友 Ross 和 Trisha Beaty 的名字命名
科学世界（Science World）	温哥华标志性建筑，适合亲子游，这里有很多激发潜能的互动游戏，还设有专门针对孩子的有趣讲座
天文中心（HR MacMillan Space Centre）	剧院表演适合孩子们，能够简单且实用地解释科学定律，设有很多不同且有趣的天文馆展览
黑斯延斯米尔博物馆（Hastings Mill Store Museum）	公园里一个隐匿的微型博物馆和纪念品商店，也是 1886 年温哥华大火的幸存者。如果你想探寻温哥华早期的服装、家具和手工艺品，这里是个好地方，只是开门时间非常随性，要碰运气
犹太人博物馆（Jewish Museum & Archives of British Columbia）	建立于 1971 年的博物馆，为了纪念犹太人在不列颠哥伦比亚省的足迹，馆内存有珍贵的照片、文件
迪雷摩托车博物馆（Deeley Motorcycle Exhibition）	地方不大，但陈列很多古董或现代的自行车、边三轮和摩托车
摔跤运动员精神画廊 Spirit Wrestler Galley	这里展出的是原住民、毛利人和因纽特艺术家的展品。非常昂贵，不过很有趣，是值得去欣赏的土著艺术
滨海人民艺术画廊 Coastal People Fine Arts Galley	一个免费参观的高端艺术画廊，这里的艺术品也都是原住民（主要是沿海）和因纽特人的杰作。可以免费参观，也可以购买
卑诗体育名人堂（BC Sports Hall of Fame & Museum）	展览各种与体育相关的纪念品、奥运会奖牌、服装等，使参观者深入了解该地方的体育名人

● **赛事节庆**

温哥华节庆活动有很多种。1~2 月普什国际表演艺术节、春节大游行和温哥华国际葡萄酒节；3~4 月枫糖节、温哥华樱花节和阿加西斯郁金香节；6 月帆船节、奥肯龙舟节和国际爵士音乐节；7~9 月温哥华民间音乐节、温哥华莎士比亚戏剧节、温哥华国际电影节；12 月的斯坦利公园辉煌之夜、圣诞颂歌游船灯光巡游。赛事方面，温哥华除举办过冬季奥运会之外，还举办过 ISU 世界花样滑冰大奖赛总决赛和世界青年锦标赛等。

（3）康养旅游产品

● 水疗按摩

一个精心挑选的水疗能让忙碌的游客放松下来。温哥华高端水疗有乔治亚瑰丽酒店的 Sense at Rosewood Hotel Georgia 和费尔蒙环太平洋酒店的 Willow Stream Spa，两者都在优雅的环境中提供奢华的体验。Georgia West Therapeutics 拥有注册治疗师，专注于治疗按摩疗养——针对肌肉酸痛的按摩。在惠斯勒，斯堪的纳维亚温泉水疗（Scandinave Spa）提供独特的室内/室外体验，包括冷热水池、蒸汽浴室和桑拿浴室。

（4）休闲度假产品

● 徒步探险

温哥华四季皆可徒步旅行，春天沉醉于粉嫩的樱花海洋中，夏天享受苍翠森林的清新，秋天迈进迷人心窍的枫叶王国，冬天则踏入浪漫的雪中童话世界。想要体验徒步的乐趣，在这里有无数选择。城市里，可以去斯坦利公园、伊丽莎白女王公园、太平洋精神公园等地漫行游览；走出都市，可以去卡佩兰奴峡谷、惠斯勒、格劳斯山。徒步温哥华，每一段旅程都是独一无二的体验。

● 骑行探险

温哥华是一个适合骑行的城市，而游客也会爱上在温哥华骑行。许多酒店，如 The Burrard、L'Hermitage Hotel 等都为客人提供免费的自行车租赁服务，而很多自行车店也提供此服务。最受欢迎的骑行线路是沿着海滨步道环绕斯坦利公园，沿途可以停下来欣赏露天艺术和山海之间壮丽的美景。通过专门的自行车道穿越市中心，骑车也可以是旅游的绝佳方式。

温哥华的"宜居"美名由来已久，当地不胜枚举的城市森林公园对此功不可没。最大的城市公园是斯坦利公园，作为北美地区最大的城市公园，这里拥有约 9 千米的环形步道，其中包括可观的沿海区域。游客可以在这里步行游览，或租赁温哥华城市自行车游览。区域内囊括了海洋馆、动物园的斯坦利公园也是亲子旅行的最佳目的地。在公园内和周边的草坪上还有不少野生的加拿大鹅，自然环境好到令人流连忘返。

从这些安排中可以看到，温哥华城中有各式各样的活动，衣食住行、吃喝玩乐老少皆宜，适应了不同层次的不同需求，每个游客都可以从中找到属于自己的那一份快乐。

2. 配套设施

(1) 住宿

舒适和古典、酷派和现代，温哥华可提供一系列的住宿选择，满足每位游客的预算、品位和不同喜好。温哥华约有 25000 间客房，其中 13000 间位于温哥华市中心。每家住宿的风格和价位都有非常大的不同。不论是带小孩的游客还是想要经济型住宿的游客，都可以找到最佳的住宿地点。

(2) 餐饮

温哥华有数以百计的高档餐厅和大小食肆，遍及大街小巷。在这里可品尝世界各地的美食，体会其间民族风情。

(3) 购物

温哥华作为北美购物天堂，云集了世界各地的精品，从大众的热门品牌到精英人士钟情的顶级奢侈品牌应有尽有。提供购物游览的地方数不胜数，传统的街巷商店都有自己的独特品位，现代化的购物中心则是另一番风情。

(4) 交通设施

温哥华的交通基础设施因奥运会得到巨大改善。温哥华交通管理部门在奥运会前制定了扩充计划，包括新增 48 列架空列车、一列海上巴士和 180 辆柴电混合动力公交车。奥运会期间新建成的加拿大快线大大提高了游客从温哥华机场抵达市中心的速度，海空高速的修缮同样使得温哥华至惠斯勒之间的交通更加便捷和安全。

- **温哥华国际机场**

温哥华国际机场位于市中心南部 13 千米，设有大量的国内和国际航线，为到温哥华旅游的游客提供便利。每天有 10 多个国际航班进出，连接伦敦、墨西哥、东京、悉尼、法兰克福、上海和香港等城市，另外还有 22 个航班进出，连接美国的主要城市。

- **太平洋中央车站**

太平洋中央车站位于市中心的西南部，唐人街区附近，从该站出发的火车大多为加拿大维亚铁路公司（Via Rail Canada）运营，共有 19 条线路，主要是去往多伦多、蒙特利尔等城市，还可跨境前往美国西雅图或波特兰。

- **长途汽车站**

长途汽车站位于太平洋中央车站里，是加拿大两大汽车运营公司灰狗巴士（Greyhound Canada）和太平洋客车（Pacific Coach Line）的主要站点。这里有发往加拿大其他主要城市、附近城市以及美国西部主要城市的长途客车。

- **地铁与公交**

温哥华有 3 条地铁线，分别是加拿大线（Canada Line）、博览线（Expo Line）、千禧线（Millennium Line），贯穿温哥华市区、列治文市、本拿比、素里等地。温哥华公交车班次频繁而且密集，相对较便宜，出行方便，还开设 12 班夜车，大部分车都是起始于市区开往大温哥华地区的不同地方。

- **公交船**

公交船的往返地点是市中心的海滨站（Waterfront Station）至北温码头（Lonsdale），航程共 12 分钟，可以欣赏美丽的海景。

- **西岸快车**

西岸快车从温哥华市中心出发，开往满地宝（Port Moody）、高贵林市（Coquitlam）等地。

- **温哥华仿古有轨电车**

乘坐温哥华仿古有轨电车可以便利地游览温哥华各大著名景点，如斯坦利公园、中国城、煤气镇、格兰维尔岛等。

3. 配套服务

租车服务：温哥华租车十分方便，市区也有许多知名的租车公司，但是要准备有效的中国驾照，驾照公证翻译件或国际驾照。

旅行服务：不列颠哥伦比亚省有超过 100 个游客服务中心，它们构成了不列颠哥伦比亚省的游客服务中心网络，方便为游客提供专业及时的旅游信息。游客可以在游客服务中心享受各种服务，包括个性化旅行线路、酒店预订以及有关景点的一般信息。可以通过各地区的宣传手册找到游客服务中心的地址，或在旅行途中寻找游客服务中心独特的蓝黄色标志。

志愿者服务：温哥华冬季奥运会调动了当地市民参与志愿服务的积极性，赛后以温哥华冬季奥运会志愿者信息系统为基础，遍布温哥华各地的志愿者信息中心纷纷建立起来，同时志愿者官方网站以及管理软件也被建立和使用，用以协助志愿者中心在线管理志愿者信息库。温哥华冬季奥运会结束后，超过1.1万名志愿者和2000多个赛事组委会在志愿者信息中心注册。利用志愿者中心和志愿者网站将志愿者、赛事、志愿服务工作需求整合起来，为志愿服务提供了便捷的平台。

（三）模式与机制

1. 管理模式

温哥华注重人性化的可持续管理。温哥华的城市基础设施发展相对完善，所以在城市管理与建设时更有针对性。在完善和优化城市公共基础设施的同时，更重视对城市宜居的内涵建设，强调城市的人文环境和居住区的文化氛围。

温哥华的管理模式中，不仅关注良好的外部环境，同时注意促进人与人的内部和谐共处。2010年冬季奥运会城市管理从规划到运行实施，从市政作业到管理监控，从抢险急救到疏导到位，无不强调和体现"以人为本"的理念。

2. 体制机制

大温哥华地区侧重于各市之间的合作以实现高水平的服务。从市民中选举出来的民意代表和议员组成大温哥华地区董事会董事，以便于各个成员都能就城区的发展提出自己的建议。在操作中，行政区域在为各个城市提供服务的同时，无层级合作组织通过各个城市直接服务于纳税人。

温哥华冬季奥运会首次建立专门的遗产管理机构，和温哥华奥组委、其他奥运遗产项目组织、各级政府以及冬季奥运会各个场馆的运营机构组成了冬奥会遗产的管理组织体系，他们在遗产工作的管理时间和管理重点上有所区分，保证了奥运遗产工作有目的、有组织、有计划地运行。

3. 产业发展

温哥华产业发展推出"文化产业+旅游产业+体育产业"模式。目前温哥华最受欢迎的投资领域第一是绿色行业，如清洁技术、绿色建筑等；第二是创意产业，如新媒体、电影、动漫；第三是医疗卫生、生命科学等高新技术产业；第四是文化艺术产业。2010年的冬季奥运会力争成为最"绿色"的奥运，这是本届冬季奥运会的一个重要理念。温哥华奥组委制定的各项措施，均力求控制运动会对环境的影响，以维护不列颠哥伦比亚省健康海岸生态体系。而当地最新推出的冬奥旅行线路，也让人感受到"绿色"。

（四）问题与经验

1. 问题

通过大型体育赛事促进大众体育活动参与是举办城市和国家的目标之一，举办奥运会等国际大型综合性体育赛事为提高大众身体活动水平提供了重要契机，然而 2010 年冬季奥运会温哥华并未实现提高大众身体活动水平的既定目标。

（1）政策工具未能聚焦政策目标

在政策实施中，相关部门主要通过信息发布与劝诫政策工具对居民的健康意识进行提高。根据社会调查结果，温哥华相关部门发布了身体活动促进广告，内容涉及增强健身意识、明确身边体育活动机会、推广新项目等。但项目实施中有适用人群范围局限性、惠及目标不明确以及考虑不全面等问题，政策工具未能聚焦政策目标。

（2）政策工具手段单一

政策行动并没有针对已存在的社会结构性障碍进行调整，社会环境条件不具备时，仅依靠广告信息传播的健康促进政策手段是无效的。健康促进部门需要协同合作，解决社会领域中存在的不公平及社会分化问题，解除各类人群身体活动参与障碍，身体活动促进行动才会产生效果。

2. 经验

（1）冰雪旅游建设经验

● **根据地域特点开发特色项目**

旅游目的地建设一定要因地适宜，不能单纯为了区域平衡、产业平衡、数量要求和追求政绩考核结果，盲目发展、一哄而上，要结合自身地域特点开发本土特色项目。

● **完善基础设施，提供优质服务**

完善特色旅游地功能，加快基础设施建设，不仅为产业发展、企业生产搭建良好的发展平台，同时也使其具有生活、休憩和旅游等功能。

- **注重全时空四季运营**

惠斯勒一年四季活动丰富，冬季有越野滑雪、狗拉雪橇、双板滑雪、单板滑雪等各种形式的滑雪运动及加拿大特有的探险活动，夏季有观赏野生动物、黑梳山基地探险、惠斯勒山顶探幽、原始森林树顶漫步等活动，是一个名副其实的四季度假胜地。与此同时，惠斯勒全年举办各种不同类型的集会、庆典、节日和特别活动，如2月的惠斯勒艺术节、4月的世界滑雪节、7月的惠斯勒山地车节、12月的惠斯勒电影节等。特别是每年的6~9月，惠斯勒就像是举行庆典一般，天天都有精彩的节目，休闲度假的游客每年都在增加。

- **宣传本土文化特色，打造特色文化盛宴**

文化是一个地方社会历史的长期积淀，它总能以特有的感染力给人以震撼，可以通过文化节日作为突破口向世界介绍自己的独特魅力。

（2）冬奥会遗产工作经验

2010年温哥华冬季奥运会就以其出色的奥运遗产创造、保护和利用工作为奥林匹克运动和加拿大社会发展留下了宝贵财富，也为2022年北京冬季奥运会遗产的可持续发展工作留下了可供借鉴的模式。

- **注重社会多方面可持续发展**

冬季奥运会举办地的可持续发展不应该仅局限在举办地环境这一议题下，应扩大到社会、经济以及文化等诸多领域，实现自然环境和人文环境两方面的可持续发展，以此寻求冬季奥运会举办地的永续发展之路。温哥华冬季奥运会结束后，速滑馆被改造成为会议中心，新闻中心被改造成会展中心，冰壶馆被改造成社区活动中心，对奥运村公寓及周边土地进行商业地产开发，被改造成为居民小区对外销售。惠斯勒雪橇运动中心和惠斯勒奥林匹克公园不仅成了当地运动娱乐场所，可以在那里观看露天现场音乐会和演出，还承办了许多公众赛事、特别活动和许多诸如世界杯的高水平大赛。奥运相关建设投资促进了地区经济增长，据统计，冬季奥运会为不列颠哥伦比亚省创造了25亿加拿大元的国内生产总值。

- **将举办地可持续发展纳入城市发展规划**

冬季奥运会举办地可持续发展是一项系统工程，它是冬季奥运会举办地政府、社会组织、商业行会、社区居民等多因素组合的复杂系统。这个动态的系统不仅与冬季奥运会举办地的社会发展、经济发展有密切的联系，同时又自成体系。将举办冬季奥运会融入城市发展之中的举措，是推动冬季奥运会举办地可持续发展的核心。政府作为城市发展规划重要的参与方，其对冬季奥运会融入城市发展起到决定性作用。遗产工作的连续性，确保奥运遗产持续发挥作用。

- **以组织体系为支撑，形成发展的长效机制**

在推动冬季奥运会举办地可持续发展的过程中，需要建立一个负责落实各项工作的组织体系，以形成可持续发展的长效机制。组织体系应由举办地政府部门、举办地社会组织以及举办地的社区等不同领域的组织构成。政府部门认真制定发展规划，指导社会组织工作；社会组织和社区按照不同的职能，在不同的领域开展与冬季奥运会有关的活动，从冬季奥运会申办、举办到结束等每一个环节都能有相应的组织参与进来，提高举办地与冬季奥运会的互动，共同推动冬季奥运会举办地的可持续发展。

七、奥地利因斯布鲁克

（一）基本概况

因斯布鲁克是阿尔卑斯山怀抱里的一个冰雪小城，每年都吸引了周边国家乃至全世界成千上万的冰雪爱好者。冬季奥林匹克运动会曾于 1964 年和 1976 年两次在此举办，因斯布鲁克也在 2012 年举办过第一届冬季青年奥运会。

1. 资源条件

（1）地理与气候

因斯布鲁克位于奥地利西南腹地，它北邻德国，南邻意大利，西面通往瑞士，东面通往首都维也纳。因斯布鲁克是一个位于中欧十字路口的城市，坐落在阿尔卑斯山山谷之中，城市内有莱茵河穿过。无论是在因斯布鲁克的哪一个角落，都能见到白雪覆盖的阿尔卑斯山。因斯布鲁克年平均降雨量为 875 毫米，平均温度为 10.0℃，因为北面被山脉遮挡，所以因斯布鲁克气候宜人，这使得因斯布鲁克成为夏日消暑胜地，滑雪者的天堂。

（2）自然风光

走在因斯布鲁克的街上，总能看到卡尔文德尔山（Karwendel）与蓝天白云幻化出的渐变蓝色，看着古老的建筑和雪山交融的风光便是一种享受。走入山间，阿尔卑斯的美景、富有特色的小木屋和农场，将给游客带来久违的平静。在城市中心，坐上由著名建筑大师扎哈·哈迪德设计的缆车站（Nordkette），乘坐十几分钟即可到达山顶，沿途还有高山动物园、国家自然公园等景点。

（3）历史与文化遗产

因斯布鲁克建立于 1239 年，1363 年由哈布斯堡王朝的一支旁系管辖；1420~1665 年，这里一直是皇帝的居住地，马克西米利安一世皇帝在位期间（1490~1519 年），因斯布鲁克成为欧洲艺术和文化的中心。

巴伐利亚对这片土地垂涎已久，尽管蒂罗尔州在 1809 年的解放战争中进行了成功的抵御，因斯布鲁克仍然落入了巴伐利亚人之手；直至 1814 年维也纳会议期间，因斯布鲁克才重新回到奥地利的怀抱，成为蒂罗尔州的首府。因斯布鲁克仍然保持着中世纪城市的容貌，在狭窄的小街上，哥特风格的楼房鳞次栉比。巴洛克式的大门和文艺复兴式的连拱廊展现出古城的风貌。在老城的东部和北部，是因斯布鲁克新城区。

因斯布鲁克市区多古老建筑的街道，市南 91 米高的桥梁极为壮丽，名胜古迹有菲尔施滕堡（内有覆以镏金铜瓦的阳台）、霍夫城堡、宫廷教堂、斐迪南博物馆、民间艺术博物馆等，这些风景建筑使其旅游业发达。

2. 发展规模

（1）滑雪场

因斯布鲁克主要有 9 大滑雪场，90 座滑雪缆车以及 300 千米下滑雪道，滑雪季节从 11 月至第二年 5 月，人工造雪设施确保滑雪道拥有充足的雪量。凭一张滑雪联票就可以进入这 9 大滑雪区域中所有的滑雪场，并且可以乘坐免费的滑雪班车前往。各种档次的滑雪设备应有尽有，供大家租用或购买。

（2）中世纪城市风貌

因斯布鲁克老城至今已有 780 年历史，作为奥地利西南部的一座老城，这里完整保留着欧洲中世纪城市容貌。地处山谷里的老城，风光优美、气候宜人、底蕴深厚，街道狭窄却井井有条，小城安静而美丽。漫步在老城的主街，处处散发着迷人的古典气质。穿行于鳞次栉比的哥特式和巴洛克古老建筑之间，让人犹如时空穿越，瞬间回到那个属于骑士和中世纪商人的久远时代，开启一次探访中世纪风情的别样之旅。

（3）接待游客

因斯布鲁克小城只有 18 万人口，每年接待的游客却达 150 多万人，曾超越首都维也纳，成为奥地利观光游客最多的城市。

（二）体系架构

1. 产品类型

（1）冰雪运动

因斯布鲁克主要滑雪场概况如表 2-18 所示。

表 2-18　因斯布鲁克滑雪场概况

雪场名称	介　绍
阿克萨姆·丽琼（Axamer Lizum）	阿克萨姆·丽琼距离因斯布鲁克 19 千米，海拔 2300 米，曾经是 1964 年和 1976 年两届冬季奥运会高山滑雪比赛项目的举办地。包括一条厢式缆车，六条椅式缆车和三条牵引式缆车，拥有 40 千米雪道，从初学者雪道到深雪路线以及极具挑战性的奥林匹克速滑雪道，几乎满足了所有滑雪爱好者的需求。在全景餐馆 Hoadl Haus 不仅可以享受到本地美食，这里更是欣赏山石嶙峋奇境的最佳观景处，除此之外，这里拥有奥地利最大的室内露台可以使游客享受阿尔卑斯冬日温煦的阳光
库泰（Kühtai）	这座距离因斯布鲁克十几分钟车程的一流雪场是奥地利海拔最高的世界杯滑雪场，入住库泰的酒店意味着出门便是雪道。整个度假村坐落在海拔 2000 米之上的区域，漫长的雪季、丰沛的降雪加上丰富的度假选择，使库泰成为举家滑雪度假的理想之地。库泰同时拥有一流的滑雪板乐园"KPark"，滑雪板爱好者和享受自由式滑雪的度假游客在这里可以倾情展示自己的特技表演。追求速度、挑战自我的滑雪们可以通过整个滑雪区域内的 24 条缆车，到达雪道的起点，驰骋于长达 80 千米的雪场
帕切科夫尔（Patscherkofel）	位于因斯布鲁克南部的帕切科夫尔是深受当地居民喜爱的滑雪和远足地。这个区域遍布着众多的美食餐馆，享受与美食成为重要的主题。新建的帕切科夫尔缆车以每小时 2000 人的承载量源源不断地将游人送达海拔近 2000 米的山间站。在那里横亘于因斯布鲁克与意大利之间的阿尔卑斯群峰和史度拜冰川组成一幅令人叹为观止的全景画卷，与因河河谷北岸的北链山脉彼此辉映。这里也曾是奥运会的举办场所，这条世界杯和奥林匹克滑雪道全长 7 千米，上下落差达到 1000 余米，充满挑战和刺激的雪道可以直抵坐落在山脚的度假村伊格尔斯

雪场名称	介　绍
穆特牧场 （Muttereralm）	坐落在因斯布鲁克南部度假村的穆特牧场雪场充满了田园牧歌般的诗情画意。从山间牧场出发，穿过森林的中级雪道尤其受到家庭和自然爱好者们的青睐。这条雪道在 1976 年的冬季奥运会期间曾被作为备用雪道。整个滑雪区域内共有 16 千米的滑雪道，是因斯布鲁克城市周边规模较小的雪场之一，但拥有冬运爱好者所期待的一切条件：从初级到高级雪道、儿童滑雪区、登山滑雪区域以及多条雪橇滑道
北链山滑雪场 （Nordkette）	从古老的黄金屋顶出发，20 分钟之后，便已置身于海拔 2000 米左右北链山滑雪场。从北链山海拔最高处出发的自由式雪道一直延伸到山谷之中，并因其中一段达 70% 坡度成为欧洲最为刺激、最具挑战的雪道。同时位于塞古拜的滑雪板乐园作为世界上独一无二的"城中滑雪板园"，为挑战极限的滑雪板爱好者提供了无与伦比的体验
上帕福斯 （Oberperfuss）	这一滑雪区距离因斯布鲁克仅有 12 千米，位于因斯布鲁克西南部的朗格山脚。充足的日照、丰沛的降雪使这一雪场区域成为家庭滑雪假期的理想选择。境内拥有 17 千米的初级和中级雪道，对于父母们来说尤其重要的是雪场全方位的视角，对于初学滑雪的孩子，雪场拥有魔毯、牵引式缆车等一系列配套设施以及深受孩子们喜爱的儿童滑雪乐园。同时雪场还拥有不断开发和扩展的自由式滑雪区域，并有缆车线直接连接长达 7 千米的雪橇滑道
施丽珂 2000 （Schlick 2000）	位于史度拜山谷入口之处的施丽珂雪场拥有最先进的雪场设施和初级至高级各种难度的理想雪道。其中一段长 3 千米的雪道配有测速装置，雪场拥有滑雪板园区，各种程度的陡坡为雪板爱好者提供理想的练习场所。雪场还为滑雪运动的小粉丝们配备完善的设备：儿童专属的滑雪区域、儿童专用滑雪升降设备、有专人看管的儿童雪上乐园。十岁以下有家长陪同的儿童可以免费使用雪场设施
格隆策戈/突尔菲斯 （Glungezer/Tulfes）	格隆策戈雪场拥有漫长的雪季，这一地区是蒂罗尔州降雪最为丰沛的区域。滑雪场的大部分区域均在海拔 2300 米以上，远离尘嚣的宁静、纯净美丽的自然，加上蓬松柔软的粉状厚雪使之成为自由滑雪爱好者心仪的滑雪天堂。雪场拥有特别宽敞的初级滑道和一条直入山谷、长达 15 千米的中级滑道。沿线是因河河谷秀美迷人的全景画面
史度拜冰川 （Stubai Gletscher）	拥有全长达 110 千米的下滑路线，35 条难易不等的雪道，26 条各种形式的现代化缆车线，这里是奥地利西部最大的冰川滑雪区域——在史度拜雪场的广阔雪域间不同程度、不同年龄的滑雪爱好者都能找到适合自己水平和喜好的雪道。这里遍布着一流的自由式雪道，有些雪道直达 3200 米的海拔高度。这里不仅保证了完美的自然雪坡，而且放眼即是阿尔卑斯群峰：109 座海拔 3000 余米的山峰，从东部的奇乐河谷和史度拜河谷的阿尔卑斯群峰延伸至南部意大利境内多乐美地和北部的石灰岩质的阿尔卑斯群峰组成一道让人荡气回肠的壮丽景观

- 其他滑雪运动

雪地鞋徒步、滑雪橇、雪地马车、越野滑雪、攀冰、雪中摩托、滑雪漫游。

- 儿童滑雪

孩子们可以在雪园里玩耍。Igls 度假村为儿童友好型的托儿所滑雪场提供滑雪设施。5~15 岁的儿童可以学习滑雪，年轻人在设备租赁和通行证上可享受折扣。

（2）文化旅游产品

- 黄金屋顶

这是一个以 2657 片包金铜瓦来点缀其屋顶的豪华悬楼，堪称是这座城市最重要的景点。黄金屋顶位于这座中世纪古城的中心位置，其由神圣罗马帝国皇帝马克西米利安一世于 1500 年左右建成。从那时起，它便成为因斯布鲁克的象征。

- 城市之塔

城市之塔及塔楼下的市政厅距离黄金屋顶仅一步之遥。城市之塔建造的目的是为了防止城市大火，同时也为了防范前来抢夺城市财富的没落骑士。在中世纪，城市之塔的底部还有一座牢房。无论是什么季节，塔楼的瞭望台总是眺望古城以及环城山脉的极佳位置：近处的红色屋顶与环城连绵起伏群山背景组成令人印象深刻的全景。

- 哈布斯堡皇宫

这座 15 世纪就已经建造的建筑外观朴素而庄严，很难想象其内部巴洛克的华丽。皇宫中心的小广场是盛夏 7 月举办因斯布鲁克露天音乐会的场所，期间每一天都有高水准的铜管乐团登台演出，为观众呈上精彩的音乐表演，每天 19：30 开始的音乐会免费参加。

- 宫廷教堂

皇宫的斜角是一座哥特式晚期、文艺复兴早期的白色教堂，这座教堂由斐迪南大公爵于 1553 年为他曾祖父——神圣罗马帝国皇帝马克西米利安一世建造，其目的是为了安置 28 尊高于真人、重达几吨的青铜铸像，这些人物在欧洲历史，尤其是哈布斯堡家族的发展历史中占据着重要的位置。当时为照管宫廷教堂而建的方济会修道院现在是阿尔卑斯地区最大的民俗博物馆，里面陈列着这一地区老百姓从生到死的日常生活用品，内容十分广泛：宗教、婚丧嫁娶、劳动工具、家具摆设，这些用品详细而生动地向游客诉说着它们的故事。

- **玛利亚特蕾西亚大街和凯旋门**

玛利亚特蕾西亚大街，沿街色彩鲜艳的建筑保存了几个世纪的不同风格，从哥特式晚期的民居到 17 世纪的巴洛克宫殿，从 19 世纪的复古式建筑到 21 世纪的现代化购物中心。这条繁华的购物大街的中心矗立着安娜柱，这是为纪念驱除入侵的巴伐利亚人而建的，站在安娜柱前的小广场上，拍照留影，可以把最代表因斯布鲁克的重要景点：安娜柱、玛利亚特蕾西亚大街、中世纪古城、黄金屋顶和北链山脉"一网打尽"。

玛利亚特蕾西亚大街的最南端则是横跨大街两侧的凯旋门。这座巴洛克建筑南北两面的浮雕记录的却是两个决然不同的事件：一次婚礼、一次丧礼。在"一战"之前，凯旋门一直作为因斯布鲁克的城市大门，再往南的区域则属于古老的威尔顿了。在凯旋门北面建筑的墙基上还能发现因斯布鲁克古老的城市界碑。

- **因河桥和因河岸边的彩色民居**

因斯布鲁克明信片上的画面，背景是高耸连绵的北链山脉，中景是因河沿岸色彩鲜艳的哥特式民居，再加上川流不息的绿色因河和横跨于因河两岸的因河桥。因斯布鲁克的历史其实最早起源于因河的北岸，穿梭于北岸狭窄的街巷之间，更有一种古风迎面而来。集市广场即是游客的集散之地，大部分的游客在这里上下巴士。对于自助游的客人，这里也是市中心各路公交汽车的停靠点，从这里可以乘车前往近郊的所有重要景点。夏季有各种活动：露天电影、汉堡鱼市、攀岩墙、流行歌曲音乐会等，这里是感受当地百姓平常生活的一扇窗口。

- **阿姆布拉斯宫殿**

这座由斐迪南大公爵所建的文艺复兴宫殿是他为安置他出身于市民阶层妻子而建造的。这座隐藏于因斯布鲁克南部巴切科夫尔山脚下的宫廷建筑不仅拥有阿尔卑斯地区最为华丽的西班牙大厅，内部还收藏了哈布斯堡家族几个世纪以来重要的家族成员肖像以及来自世界各地的奇珍异宝，这些在学术界被称为"阿姆布拉斯收藏"的藏品成为维也纳艺术史博物馆和国家图书馆珍贵的组成部分。每年 7 月底至 8 月中旬在宫殿的西班牙大厅举行"宫廷古音乐周"，这是音乐界的一大盛事，对于音乐爱好者来说，在 16 世纪欧洲贵族的宴会大厅感受巴赫等作品，可以获得对音乐的另一种感受和领悟。

- **施华洛世奇水晶世界**

建于 1995 年的水晶世界是施华洛世奇为了庆祝公司成立 100 周年特邀奥地利的全才人物安德烈·海勒而设计的一处以展现水晶的神奇魔力的地下洞穴。

海勒以他童年时代的梦境作为他规划的蓝图：在巨人的 16 个藏宝室中，展示着当红设计师的声光作品，加以水晶元素，带给人们如梦幻般的场景享受。2015年扩建之后的水晶世界更是增加了很多室外的景观，巨大的水晶云层与它们投影在墨色湖面上的倒影成为花园的主要景观，除此之外还增加了美食和儿童游戏塔等娱乐元素，成为一处多功能的娱乐中心。迄今为止施华洛世奇世界已接待超过 1400 万游客，成为奥地利仅次于美泉宫的著名景点。

- **赛事节庆**

因斯布鲁克活动日令人印象深刻：中古时期的古乐节、巴洛克音乐会以及传统民俗庆典与各种体育赛事异彩纷呈。其中精彩的亮点除了四大跳台锦标赛中最具挑战性的柏基塞尔跳台比赛，还有圣诞节、降临节、新年和复活节的各种庆典活动，因斯布鲁克赛事节庆如表 2-19 所示。

表 2-19　因斯布鲁克赛事节庆概况

赛事节庆	介　绍
柏基塞尔四大跳台滑雪锦标赛	每年 1 月初，因斯布鲁克柏基塞尔四大跳台滑雪锦标赛吸引着世界各地跳台滑雪运动爱好者们前来观战。柏基塞尔是这一轮比赛最重要的赛场，是继欧博道夫和咖米西之后的第三站
复活节市场	三四月间，大地回春之际，因斯布鲁克的复活节市场也悄然登场。因斯布鲁克中世纪古城中心琳琅满目的商品和遍布全城、色彩鲜艳的复活节彩蛋带给游客浓浓的春意。地方美食、传统习俗，还有精致的手工艺品组成这一节日多彩的画面
仲夏露天音乐会	每年七八月间，因斯布鲁克仲夏时节的一大亮点就是昔日哈布斯堡皇家遗韵和现代管弦乐的结合。每年的仲夏时节，以因斯布鲁克哈布斯堡如梦似幻的皇宫庭院作为背景，世界一流的铜管乐队为观赏者呈现一台又一台精彩的音乐节目。25 年来已成为这个城市的一项音乐传统。音乐会内容覆盖从古典到现代众多的经典曲目。受邀的演出团体中不仅有知名的军乐团、武警乐团，还有很多来自民间的铜管乐团。音乐会节目每年更新，不仅吸引了无数世界各地的游客，也深受当地音乐爱好者的喜爱。这样高水准的音乐会对每个爱乐者免费开放
因斯布鲁克古乐节	因斯布鲁克古乐节表演的主要是来自于 16 世纪和 17 世纪的作品。古乐节每年夏天吸引着成千上万的音乐爱好者前来聆听动人的旋律，感受充满戏剧性的表演。来自世界各地的歌唱家、乐团以他们不同的风格诠释和演绎着作曲家们的传世之作。古乐节期间的音乐会和歌剧将在城市不同的文化场所上演，其中最美的场所是阿姆布拉斯宫的西班牙大厅。这一活动的高潮是每年 8 月 15 日阿姆布拉斯宫的文艺复兴庆典。男女老少都将被邀请加入这一穿越几个世纪的狂欢

续表

赛事节庆	介　绍
圣诞市场	圣诞市场将于 11 月中旬至 12 月中旬举行。Landhausplatz、Maria-Theresia-Strasse 和 Herzog-Friedrich-Strasse 设有传统市场。除了市场之外，还有针对年轻游客的木偶表演和许多其他娱乐活动
山城除夕	因斯布鲁克在 12 月 31 日迎接新年，届时将在老城的主要广场上举行传奇性的派对，有趣的景点和丰富多彩的节目。庆祝活动包括现场音乐表演、美食和午夜烟火表演

（3）康养旅游产品

山地瑜伽或者克耐普水疗，无论是运动之后的休息还是日常生活的减压，都可以让身体获得放松。此外，桑拿文化在蒂罗尔州有着悠久的传统。

（4）户外运动产品

• 登山

由于整个城市位于阿尔卑斯山谷之中，这使得因斯布鲁克有着得天独厚的地理优势，哈弗莱卡峰、塞格鲁贝峰都在北岭公园。史度拜冰川海拔 3150 米，虽然不能和世界高峰相比，但在这里却能一览阿尔卑斯山终年不化的冰川和奥地利美景。

• 徒步旅行

因斯布鲁克以它密集而完善的道路网络、清晰明确的道路标志为游客提供徒步旅行的便利。五大徒步旅行区域，五种不同的阿尔卑斯享受：卡温德尔自然保护区内的蜿蜒小径和阿尔卑斯高海拔攀岩；帕切科夫尔环山古老淳朴的山间木屋和珍稀的五针松林；石灰岩质阿尔卑斯的全景漫远足路线；史度拜冰川的山峰之路；米耶明山阳光高原的散步路径。其间时常能与鹿、山岩羊、雄鹰等这一带特有的动物不期而遇。阿尔卑斯的原始自然和丰富多彩的景观，给每个徒步者带来身心的极大愉悦。

• 高尔夫运动

因斯布鲁克南部阿尔卑斯山的伊戈尔斯、朗斯、林恩等地以及米耶明高原为高尔夫爱好者提供了阿尔卑斯山区独特的迷人环境。

• 其他户外活动

跳伞、漂流、骑自行车和山地自行车。

2. 配套设施

(1) 住宿

住宿类型多样，从酒店、民宿、旅店、青年旅舍、公寓酒店到特色住宿、露营场地等。星级酒店分布在城区中心地段，有奢华的套房，其舒适度极高，设施完善，价格也很昂贵。四周的家庭旅店散落在大街小巷里，交通便利，服务热情，价格也很经济实惠。

(2) 餐饮

因斯布鲁克及其度假村的美食是丰富多样的：蒂罗尔州餐厅的地方特色菜肴；山间木屋的自制点心；美食家餐厅风格独特的创意。由于毗邻意大利的地理位置，因斯布鲁克拥有众多的意大利餐厅，提供各种味道的意大利面，纯正的意大利比萨饼和丰富多样的特色海鲜。在数量繁多的国际风格餐厅中，客人们也能领略到因斯布鲁克开放的一面：从来自亚洲的中餐馆、泰国餐馆、日本餐馆、尼泊尔和印度餐馆到南美风味的墨西哥餐厅以及素食馆，因斯布鲁克应有尽有。除此之外，还有各种快餐店、咖啡馆和蛋糕店。

(3) 购物

老城区和市中心精致的小型精品店、琳琅满目的工艺品商店或手工艺店、女皇大街上的购物中心、精品廊以及交通便利的近郊购物大厦，丰富多彩的购物享受使因斯布鲁克成为一座迷人的购物天堂。

(4) 交通设施

• 因斯布鲁克机场

因斯布鲁克机场是奥地利西部的国际机场，位于蒂罗尔州，坐落在距离因斯布鲁克市中心约 4.02 千米外的郊区。机场于 1925 年开始运营，该机场处理阿尔卑斯山周围地区前往欧洲的航班及季节性国际航班。在冬季，由于大量的滑雪爱好者前往，因斯布鲁克机场的航班数量会明显增加。

• Innsbruck Hauptbahnhof 火车站

从慕尼黑、维也纳、罗马、苏黎世都有直达 Innsbruck Hauptbahnhof 火车站的列车，铁道线路遍布于因斯布鲁克几乎所有的地方。当地每天有七列快车开往布雷根茨，每两个小时有一列快车开往萨尔茨堡。特快列车定期向北开往德国慕尼黑，向南开往意大利维罗纳。另外，每小时都有列车开往基茨比厄尔。

- **电车**

因斯布鲁克目前拥有 3 条电车线路，包括有轨电车与无轨电车，其中 1 路无轨电车由洪厄堡缆车场开往伊格尔斯体育场，3 路电车绕玛丽亚特蕾西亚大街和阿姆布拉斯宫环行，这是市内观光最好的选择。

- **公交**

因斯布鲁克拥有 25 条巴士线路，几乎覆盖全城，绝大部分公共汽车都经过中央火车站，LK、N 字头公交从波茨纳广场发车，W 字头公交从玛丽亚特蕾西亚大街发车。

- **洪厄堡缆车**

洪厄堡缆车是因斯布鲁连接洪厄堡与市中心的缆车铁路线，启用于 2007 年 12 月 1 日，缆车与 1 路无轨电车对接。

3. 配套服务

(1) 优惠服务

因斯布鲁克卡包含了城市所有景点和博物馆的门票，市区公共交通和登山缆车的车票，还可以进行 W-Lan 连接；因斯布鲁克阿尔卑斯登山学校（ASI）设有专业向导带领的免费徒步登山活动；凭由入住酒店提供免费的迎宾卡，所有客人可以在因斯布鲁克地区以最优惠的价格体验顶级的高尔夫运动，并享受常规入场费 20% 的折扣；奥林匹克滑雪联票包含了九大滑雪区域，并且可以免费乘坐滑雪班车轻松抵达城市的任何一座雪场。

(2) 租车服务

在因斯布鲁克的旅行者中心（Tourist Center）、Voliergasse 62 号的"预算"（Budget）以及 Haller Strasse165 号的"欧洲汽车租赁"（Europcar）都可以租到车来进行自驾旅游。

(3) 雪具出租

因斯布鲁克所有的滑雪区域都有雪具租赁服务，所以即便还没有自己的滑雪设备，在因斯布鲁克同样能感受到滑雪的激情。不仅在雪场，有些酒店也提供滑雪服装和雪具的租赁服务。

（三）模式与机制

1. 管理模式

欧洲小镇发展较为成熟，因斯布鲁克属于自然风光发展型小镇。每一位来到蒂罗尔州首府因斯布鲁克的游客，都会发现这里的文化与自然是紧密相连的。因斯布鲁克正是借助自然景观优势，结合自身独特的人文历史，把握机遇发挥所长，培养出独具特色的旅游产业。

2. 体制机制

奥地利全国划为 9 个州，其中蒂罗尔州被分成了 8 个县和 1 个市，因斯布鲁克是奥地利蒂罗尔州的一个市，分 9 个市区，这些市区过去是独立的城镇，今天它们已经没有自己的管理机构了。不过一般村庄地区以及离因斯布鲁克较远的伊格尔斯还有自己的市区议会。因斯布鲁克的市长不是市民直接选出来的，而是由市议会选举产生的。

3. 产业发展

旅游业是因斯布鲁克重要的收入来源，最重要的旅游点是老城和滑雪场。可以看出，大型体育赛事推动了因斯布鲁克的区域经济、旅游市场及产业发展。

（四）问题与经验

1. 问题

冰川保护与旅游开发冲突：1990 年，蒂罗尔州政府就做出"对蒂罗尔州内所有冰川予以保护"的决议并将这一决议转变为州立法。当时该法律与蒂罗尔州自然保护法并行运作之后，基本上制止了所有有关冰川新项目的开发，并且在实施过程中态度坚定。但在 2001 年，因为蒂罗尔州旅游开发规划获得州议院立法委员会通过，从而为该区域的旅游开发赋予了法律效力。这种改变特别明显地反映出迎合新兴的旅游需求、满足游客不同的兴趣与保护自然冰川之间的尖锐冲突。

2. 经验

(1) 文化资源的挖掘与开发利用

欧洲很多小镇文化底蕴深厚，小镇中都有"特色"名人故居、博物馆、庄园农场等文化传承与教育机构。无论是哲学家、文学家、科学家还是教育家、收藏家、艺术家，他们在欧洲小镇里的故居往往都得到了很好的保护，借助文化故居建筑发展旅游产品。未来，这些具有名人故居和博物馆的小镇不仅要重视保护名人故居，还应该依托这些资源打造具有地域文化特征的衍生产品，为小镇培育更丰富的产业业态。

(2) 打造特色公共品牌

采取品牌化整体化的打造方式，在提升当地居民生活质量的同时采取集中管理的方式，以保证地区风格统一，通过集中的品牌打造引起公众记忆和联想。品牌既是一个特色小镇区别于其他小镇的标志，又是小镇在国际国内市场竞争中脱颖而出的载体。

(3) 保护性开发

奥地利至今仍有 500 平方千米的冰川区域，然而在 103 座冰川中，已经有 74 座呈现出明显退缩的征兆。1990 年，蒂罗尔州政府就做出"对蒂罗尔州内所有冰川予以保护"的决议。随后，又将这一决议转变为州立法。保护冰川覆盖区意义十分重大，政府层面也提出"采取冰川保护措施已势在必行，而不应等到将来面对冰川一点一点地机械性退缩"。

八、挪威利勒哈默尔

（一）基本概况

1. 资源条件

（1）地理和气候

利勒哈默尔是挪威奥普兰郡一城市，四周被群山环绕，俯视着米约萨湖的北部，南距首都奥斯陆 140 千米，是古德布兰斯达尔谷地的商业和旅游中心。

挪威作为北欧国家之一，夏季温和，日照充足；12 月至来年 4 月的冬季被大雪覆盖。受极地海洋气团和极地大陆气团的影响，挪威冬季漫长严寒，夏季短促温暖，相对湿度较高，气温年差较大。挪威境内山地面积超过国土面积的一半，高原、山地、冰川占全境面积的 2/3 以上。挪威的地形和气候为挪威冰雪旅游提供了基础。

利勒哈默尔呈现内陆气候，冬季气候寒冷，每年一二月最为寒冷，河谷地区的平均气温为-8℃，山区为-10℃，为当地滑雪运动的发展提供了气候条件。

（2）历史和文化资源

利勒哈默尔第一座教堂建立后，以老哈马尔（Old Hamar）农场的名字命名，因为这个名字与 Hamarr 非常相似，容易与邻近的城镇和主教辖区混淆，当地人就把利勒哈默尔称为小哈马尔，最后就演变成了 Lillehammer。

利勒哈默尔自挪威铁器时代就有人定居，自 1390 年起它也成为了一个议会所在地。在 19 世纪初，利勒哈默尔获得了城市经商的权力，整个市镇变成了一个具有活力的市场。1838 年利勒哈默尔也正式成为了挪威的一个城市。邻近的村镇 Faberg 在 1964 年合并到利勒哈默尔并形成了如今的样子。

1994 年，利勒哈默尔举办了冬季奥运会，从此受到了全世界很多冰雪爱好者的关注。2016 年，利勒哈默尔举办了冬季青年奥林匹克运动会。

利勒哈默尔市以古老的农场、现代化市中心和周围的高山滑雪胜地而闻名。作为 1994 年冬季奥运会的举办地，利勒哈默尔市保留了历史的建筑但也融入了现代化的设计，同时，这里还是挪威最古老的冬季运动胜地，哈菲尔（Hafjell）高山滑雪胜地是境内著名的景点之一。除旅游业外，利勒哈默尔市还有纺织、木材、面粉、啤酒、家具等产业。

（3）自然资源

米约萨湖，在挪威国境东南部古德布兰斯达尔谷地中，是挪威最大的湖泊，利勒哈默尔在湖的北岸。湖全长 105 千米，宽 1.6~14.5 千米，面积 365 平方千米，最深处 442 米，有洛根河北流入湖，湖水经 40 千米长的沃尔马河南注入格洛马河。此外，湖内还有丰富的鱼类资源，为利勒哈默尔及周边地区的渔业提供了丰富的资源。

2. 发展规模

利勒哈默尔是挪威最古老的冬季运动胜地，这座奥林匹克之城为高山和越野运动提供了无限可能。利勒哈默尔城区并不设有雪场所以不能提供滑雪服务，但作为滑雪小镇，在距离市区 10 分钟到一小时的车程内，拥有能为滑雪者提供规模不同的五家滑雪场，超过 92 条雪道，117 千米的滑雪体验。

（二）体系构架

1. 产品类型

（1）滑雪

努尔塞特尔（Nordseter）、七水（Sjusjøen）、哈菲尔（Hafjell）是利勒哈默尔较著名的滑雪场所，其中以哈菲尔最为出名。

1）哈菲尔（Hafjell）

哈菲尔是全挪威规模第三大的滑雪场。1994 年冬季奥运会成功举办后，作为重要主办场地的哈菲尔一举成为全挪威最具人气的高山滑雪场地。

- **交通**

从奥斯陆出发，向北沿着 E6 高速公路，开车大约需要 2.5 小时。

哈菲尔距离利勒哈默尔市区约有 15 分钟的路程。

- **雪场情况**

哈菲尔拥有难度各异总长共 46 千米的雪道和挪威最大的越野滑雪道，最长雪道长 7 千米，哈菲尔雪场提供所有级别的斜坡，从最简单的儿童斜坡到最高级的黑色斜坡，其中初级道占 65%，中级道占 25%，高级道占 10%。

此外，雪场还有针对儿童滑雪和家庭式滑雪：拥有两个儿童区，位于度假区和贡多拉—莫塞特托普，适合所有级别的儿童和所有年龄的初学者。

- **配套服务**

滑雪教学：哈菲尔配备滑雪学校，提供各阶段的滑雪教学，包括团队滑雪课程和私人滑雪教学。

住宿：从雪场底部到顶部，都可以找到合适的小木屋或者公寓：山谷地区适合有孩子的家庭或者朋友聚会；中间区域能够欣赏到 Gudbrandsdalen 和 Lågen 河上的美丽景色；顶部区域是滑雪者在越野滑雪后的最佳选择。

餐饮：哈菲尔有一些特色餐厅和 Afterski 餐厅，Skavlen 餐厅可以提供肉桂面包、意大利比萨、嫩羊腿等当地食物。

此外，滑雪服务中心还提供滑具租借、信息咨询等服务。

2）克维特夫耶尔（Kvitfjell）

克维特夫耶尔是为 1994 年利勒哈默尔冬季奥运会建造的。从那时起，它已成为北欧现代化的滑雪胜地之一。

- **交通**

Kvitfjell（克维特天耶尔）位于利勒哈默尔以北，大约 30 分钟路程。

- **雪场情况**

克维特夫耶尔拥有现代化的设施设备，雪道总长 34 千米，最长雪道 3.5 千米，其中包括初级雪道 64%，中级雪道 24%，高级雪道 12%，共有 11 条缆车。雪场坡度有从最小的儿童区到符合奥林匹克标准的黑色雪道。

雪场西侧有为所有年龄段的儿童提供的雪道滑坡，中间和东侧则是为更加熟练的滑雪者提供的斜坡。所有的山体都由升降椅连接，滑雪者可以从底部乘坐升降椅到山顶和西部。

- **配套服务**

滑雪教学：滑雪场为儿童和成人提供各级公园/吊杆、高山、滑雪板、望远镜和私人课程、团体课程。滑雪学校在滑雪场的东西两侧都设有场地，对初级、中级和高级滑雪者设有不同类型的课程。

住宿：克维特夫耶尔的住宿设施主要以木屋为主，面积从小到大不等，为各种类型滑雪者提供了不同的选择。

餐饮：克维特夫耶尔的餐厅可以为滑雪者在滑雪后提供各种美味的特色饮食：香肠、三明治、自制汉堡或比萨等。

此外，雪场还提供滑具购买、租借以及维修等其他相关服务。

3）努尔塞特尔（Nordseter）

努尔塞特尔是北欧最好的越野滑雪目的地。

- **交通**

从利勒哈默尔出发，每天有多次前往努尔塞特尔的公共汽车可以供游客乘坐。

- **雪场情况**

努尔塞特尔海拔 850 米，最初是高山农场，四周是森林和山地，因其自然条件优越，现已开发为北欧最好的越野滑雪目的地，可以提供一系列滑雪选择，包括将近 350 千米的高品质越野滑雪道。

4）七水（Sjusjøen）

七水海拔高度和地理位置都使得此地拥有非常好的降雪条件，不仅雪质松软，而且雪期很早，在这里有四部升降机和9条雪道，除了越野滑雪，还可以体验高山滑雪。此外，七水还包括两个适合国际比赛的越野滑雪场——Sjusjøen Langrensarena 和 Sjusjøen Natrudstilen Langrensarena，有时也被用作训练场地和比赛场地。

此外，利勒哈默尔还有其他一些滑雪场，例如 Skeikampen、Espedalen、Venabygdsfjellet 等都可以为游客提供滑雪场所。

（2）博物馆

挪威利勒哈默尔博物馆概况如表2-20所示。

表2-20　挪威利勒哈默尔博物馆概况

名称	介　绍
麦豪根露天博物馆 （Maihaugen）	麦豪根露天博物馆是挪威最大的露天博物馆，这里展示了挪威近500年来的工作和生活方式。在这里可以看到豪华的农场别墅、茅草屋、木板教堂、牧师宿舍、殖民者的避暑胜地和小巧的垂钓小屋。180座古朴的历史民居、富于特色的村舍建筑和木质教堂完好保存至今
挪威奥林匹克博物馆 （Norges Olympiske Museum）	挪威奥林匹克博物馆是目前北欧地区唯——座全面介绍奥运历史的博物馆，通过展品本身、文字、视频和录音展示了从公元前776年直至今日的奥运状况。博物馆还展示了挪威体育名人堂的成员并特别列出了1994年利勒哈默尔冬季奥运会的盛况
利勒哈默尔美术馆 （Lillehammer Art Museum）	利勒哈默尔美术馆是当地重要的文化场所，馆中收集了一定数量的艺术品，其中有些是马蒂斯学校捐赠的。1994年的冬季奥运会期间，它是举办文化活动的主会场

（3）公园

挪威利勒哈默尔公园概况如表2-21所示。

表2-21　挪威利勒哈默尔公园概况

名称	介　绍
龙达讷国家公园 （Rondane National Park）	龙达讷国家公园有10座高耸于2000米以上的山峰，在这些山峰之间穿插着一系列起伏的山谷、小峡谷以及低洼的森林和灌木丛。最高的山峰朗德斯洛特虽然贫瘠多岩石但其迷人之处也在于此，公园周围还有野生驯鹿

名称	介 绍
尤通黑门山国家公园 （Jotunheimen）	尤通黑门山国家公园是挪威建立于 1980 年的国家公园，被认为是该国首屈一指的徒步旅行和登山天堂。公园总面积达 1151 平方千米，是斯堪的纳维亚山脉中最高的一条支脉——尤通黑门山脉的核心区域，其主峰格利特峰海拔 2472 米、加尔赫峰海拔 2469 米，为挪威最高峰。公园聚集了北欧绝大部分海拔 2000 米以上的山峰，此外，这里还遍布着美丽的瀑布、清澈的河流湖泊、迷人的冰川和肥沃的河谷。该公园是挪威的国家公园，这里堪称越野、高山滑雪、自行车旅行和登山运动的天堂，尤通黑门山地区其他较为流行的户外运动项目还包括冰河行走、漂流、洞穴探险、溪降运动和骑马等
奥林匹克公园 （Olympia Park）	利勒哈默尔奥林匹克公园是 1994 年利勒哈默尔冬季奥运会的主赛场，其中包括五个会场，分别是 Birkebeineren 滑雪场、冰球场、雪橇和无舵雪橇赛道、Kanthaugen 自由式滑雪场和吕斯郭尔跳雪台 全年都有的"雪橇车"和冬季的经典项目——滑雪，让利勒哈默尔奥林匹克公园堪称高效利用奥运场馆的典范

（4）娱乐活动

● 骑行

在 Skeikampen、Sjusjøen、Hafjell、Venabygdsfjellet 和 Kvamsfjellet 地区，形成了专门的骑行轨道和骑行路线。从初学者到专家，从人造步道到自然步道，各式各样的骑行道为骑行爱好者提供广泛的选择。

Hafjell 自行车公园可以提供世界上最好的下坡自行车体验，有 14 个课程，覆盖 25 千米的各种难度的有趣障碍，有一些路线可以挑战所有年龄段和能力的山地自行车车手。在 Sjusjøen Mountain 自行车场，提供适合家庭每个成员的自行车车道。

这里还有专门提供的自行车租赁服务，如果没有自行车，可以在度假区租借一辆自行车进行骑行活动。

● 徒步

在利勒哈默尔有许多徒步、散步线路。在 Skeikampen、Venabygdsfjellet、Synnfjell 等地都提供了徒步线路，同时还为徒步者提供向导服务，可以自行选择短途或长途的徒步活动。

此外，冬季还有狗拉雪橇、雪靴远足、雪橇等冰雪活动；在夏季还可以在 Venabygdsfjellet 山享受骑马的乐趣，在古德布兰德斯代尔斯勒根河和 Mjøsa 湖钓鱼，或者体验狩猎等。利勒哈默尔还会举行各类体育赛事，如跑步、滑雪、足球等体育比赛。

2. 配套设施

(1) 住宿

在利勒哈默尔可以选择住在雪场或市区。市中心有多家酒店，除此之外，市区还有古德布兰谷农场酒店以及 Hunderfossen 冰雪酒店，都是当地独特的住宿体验，市区的酒店和旅馆在选择面上更广一些，除此之外，镇上的餐饮和晚间活动也更加丰富多彩。

选择住在雪场则更能体验到独特的雪场乐趣，酒店、木屋、公寓等各式住宿也能让旅游者在滑雪场住得舒心。

(2) 餐饮

在利勒哈默尔，游客可以体验 200~300 年前的饮食传统，从简单的日常饮食到丰盛的大餐。这里的食物通常都是本地的，而且有着迷人的故事。农民们经常自己种植蔬菜、草药、浆果和水果。无论是晚餐还是甜点，客人都可以直接从自家菜园里得到菜品，还可以享用自制果酱和饮料。

不论是在利勒哈默尔市区还是滑雪场，都可以为游客提供从特色餐饮到日常饮食的多种选择。

(3) 交通

利勒哈默尔位于挪威的中心位置，位于 E6 沿线，距离奥斯陆以北约 180 千米。前往利勒哈默尔可以选择乘坐火车、巴士或租车服务自驾。

此外，在冬季，有滑雪巴士到达利勒哈默尔的高山中心和越野滑雪胜地，在夏季，有到达景区的夏季巴士服务。

National Journey Planner Entur 软件专为搜索挪威各地的公共汽车和火车服务，游客可以获得关于交通的所有信息。

3. 配套服务

(1) 商业服务

利勒哈默尔的步行街在 1994 年冬季奥运会期间声名鹊起，这里提供许多专卖店、商业街连锁店没有的产品；在 Fabrikken 老工厂里，还可以买到许多艺术家的独特作品；利勒哈默尔旧城区的商业购物街 Storgata 有 60 多家商店。此外，在 Gausdal 的 Segalstad Bru、Ringebu 和 Vinstra 等地都可以找到当地购物中心，包括杂货店、体育用品店和其他商店。

（2）预订服务

利勒哈默尔各大雪场官网提供预订服务，旅游者可以在出行前在官网上选择满意的住宿、餐饮、滑雪等服务，进行网上预订。

（3）向导服务

当地为游客提供利勒哈默尔及其周边地区的观光服务，包括小镇观光、餐饮服务、路线选择等服务。

（三）模式与机制

1. 管理模式

在欧美国家，旅游企业几乎全是私营或其股份以私营部门为主。旅游经营体制主要以大公司为主导，小企业为基础，半官方的旅游机构是旅游管理体制的主要机构，行业组织发挥着重要作用，其管理职能主要是推销和政策的协调。

2. 体制机制

首先，挪威旅游业的管理是国家性质的旅游组织——挪威国家旅游局。

其次，在产业部与贸易部下设挪威创新署，挪威创新署成立于 2004 年，取代了原挪威旅游协会、挪威贸易理事会、挪威工业和地区发展基金以及政府投资者咨询办公室四个机构。在宣传推介挪威旅游资源上起到了一定的作用，属于半官方性质，采取企业运作管理模式，在国内各市镇设置了 70 多个办公网点，并通过与外交部合作，在世界各地建立 40 多个国际网点。

最后，挪威还和北欧其他国家共同筹建了旅游联合推销组织——北欧旅游局，成员为丹麦、芬兰、冰岛、瑞典和挪威北欧五国的旅游主管部门，局长由五国旅游主管部门的负责人轮流担任，主要职责包括市场调研、开展公共和推广宣传，为本地旅游从业者提供培训和相关支持。其在挪威旅游业发展过程中也起到了积极的推广宣传作用。

3. 产业发展

利勒哈默尔借助冬季奥运会的契机，开展体育运动相关产业。首先，利勒哈默尔保留了冬季奥运会原址以及建造奥林匹克博物馆，以其举办冬季奥运会的历史以及最全面的奥运会的博物馆来吸引游客。其次，由于地理气候以及基于挪威滑雪传统的基础，利勒哈默尔发展滑雪运动，在周边开设雪场，在其市区发展的同时，也带动了周边郊区的发展。最后，在滑雪运动的基础上，利勒哈默尔也积极拓展了如登山、骑行等多种体育运动，形成以体育运动为主题的多产业联动发展模式。

（四）问题与经验

1. 问题

利勒哈默尔与挪威首都奥斯陆距离较近，并且奥斯陆每年的冰雪节对当地冰雪旅游起到了广泛的宣传作用，这会对利勒哈默尔滑雪等起到一定的覆盖作用。但是挪威旅游局官网对利勒哈默尔的宣传力度不足，知名度远不如首都奥斯陆，这不利于当地旅游业的发展。

2. 经验

（1）保护冬奥场址，借力节事影响

利勒哈默尔在 1994 年举办冬季奥运会后，对冬季奥运会场址做了妥善的保护和利用，在原址的基础上发展旅游活动，既没有造成场址在比赛后被废弃又形成了当地独特的旅游吸引物；利勒哈默尔借助冬季奥运会的节事名声继续在此基础上发展冰雪旅游，深入挖掘当地奥林匹克文化，以"旅游+体育"的发展模式，形成利勒哈默尔的旅游地形象。

（2）提倡绿色旅游，实现可持续发展

利勒哈默尔开创了"绿色奥运"的先河，自此，在旅游业的发展中也十分重视绿色发展。利勒哈默尔努力保护自己的文化遗产，同时以创新、创造的方式分享给游客；采取认真的措施保护建筑、脆弱的生态环境和野生动物，提倡绿色旅游；努力为游客提供更加健康的地方特色菜式。利勒哈默尔在各方面的努力，都是为了实现绿色永续的旅游发展，为当地企业创造永久就业机会和盈利。

九、意大利都灵

（一）基本概况

都灵（Torino）位于意大利北部，是意大利第三大城市、皮埃蒙特大区首府。都灵是一座历史悠久的古城，保存着大量的古典式建筑和巴洛克式建筑。2006 年，第 20 届冬季奥林匹克运动会于意大利都灵举办。

1. 资源条件

（1）自然资源

都灵位于波河上游谷地，海拔 239 米，阿尔卑斯山环绕在城市的西北方，依山傍水，地理位置优越。都灵属地中海气候，具有地中海"冬天潮湿，夏天干燥"的特点，但受邻近的阿尔卑斯山影响，气温普遍低于地中海其他城市。都灵年降水量 1000 毫米左右，冬春季节降水较多且多山谷风。

都灵市区内自然风光优美，波河西岸聚集着大大小小的城市公园、植物园、动物园等，全市公共绿地面积约 1910 万平方米，城市树木、公园、园林植物约 11 万株，花坛面积约 50000 平方米，拥有 4 条河流的海岸恢复和保护项目，都灵是意大利人均城市绿化标准最高的都市，都灵自然资源如表 2-22 所示。

表 2-22　都灵自然资源概况

名称	介　绍
波河 （Po River）	波河是意大利最大河流，源于意大利北部的阿尔卑斯山，注入亚得里亚海。河流全长 652 千米，流域面积约为 7.5 万平方千米，从北至南穿过都灵，都灵市区多在波河西岸，古老与现代并存，波河穿过都灵市区的部分被建成带状公园，南北绵延约 20 千米，河上多古桥，两岸多文艺复兴时期的建筑
奥尔塔湖 （Orta）	奥尔塔湖，长约 13 千米，宽约 1.2 千米，面积 18 平方千米，湖面海拔 290 米，最深深度 143 米。奥尔塔湖景色优美，人流少，深受欧洲旅游达人的推崇。湖畔有一个小镇名为 San Giulio，被认为是意大利最美的小镇

名称	介　绍
佩莱纳公园 （Parco della Pellerina）	佩莱纳公园占地约 83.7 万平方米，1906 年被列入都灵城市总体规划，1934 年开始动工，是意大利著名的城市公园
瓦伦蒂诺公园 （Parco del Valentino）	瓦伦蒂诺公园位于波河西岸，1856 年开放，是都灵的第二大公园和意大利最早的公园。1997 年作为萨伏伊皇家宫殿的一部分列入世界遗产名录。公园内还有环境优美的植物园和瓦伦蒂诺城堡

（2）历史与文化资源

都灵始建于罗马帝国时期，为军事要地。中世纪文艺复兴时期曾为自治城市国家。都灵曾经是欧洲重要的政治中心，1563 年，它成为了皮埃蒙特—萨伏依公国的首都，1720 年为萨丁尼亚王国都城，拿破仑战争中被法国占领，1861~1865 年曾是意大利统一之后的首都。

都灵是座古老的文化艺术城市，城区多广场、文艺复兴时期的艺术珍藏和建筑古迹，拥有着众多美术馆、教堂、宫殿、歌剧院、广场、公园、庭院、图书馆、博物馆等，其巴洛克、洛可可和新古典主义法式建筑举世闻名。此外，都灵教育资源优良，拥有意大利最好的大学、学院。

都灵的过去和历史始于萨沃伊王朝。都灵是一个美丽但却不以旅游而闻名的意大利城市。它将古老与现代完美地结合在一起，都灵洋溢着强烈的欧洲精神，并被一种北欧和地中海文明之间的平衡气氛所环绕。在这样一种独特的都市化氛围中，隐藏着罗马式的本源，在好几个世纪（12~19 世纪）中，这里曾是公爵们的中心城市，随后曾是萨沃伊王国的领地，游客可以游览博物馆、宫殿、纪念碑和教堂，漫步在市区观赏玻璃柱廊，品尝着古老的咖啡，沉浸在怀旧的气氛当中，享受这里远近闻名的美食。都灵历史文化资源概况如表 2-23 所示。

表 2-23　都灵历史文化资源概况

名称	介　绍
安托内利尖塔 （Mole Antonelliana）	都灵的标志性建筑，是都灵最重要的艺术文化中心。安托内利尖塔塔楼内穹顶高耸至极，大厅十分广阔，透明的观光电梯将游客缓缓带上塔顶，这里是欣赏意大利阿尔卑斯山群及都灵的最好视野之处。安托内利尖塔原本是宗教聚会场所，现已成为都灵国家电影博物馆，向游客展示现代电影诞生历程、电影制造工序与技术以及收藏的电影海报等。游客在这里可以舒舒服服地躺在红色躺椅上，边休息边观赏两个巨大屏幕上播放的影片

名称	介绍
都灵埃及博物馆 （Museo Egizio di Torino）	该博物馆建于 1824 年，规模仅次于埃及国家博物馆，是世界第二大埃及博物馆。馆内收藏了众多古埃及的历史文物，文物时间跨度大，馆中藏品无比珍贵，如法老的雕像、木乃伊、莎草纸文本等。最为人熟知的藏品则是阿蒙霍特普一世雕像、狮头人身的赛克麦特雕像、图坦卡蒙与阿蒙神的雕像等
萨包达美术馆 （Galleria Sabauda）	该美术馆成立于 1832 年，珍藏着萨沃伊王朝时期的收藏品，以及来自意大利名家和皮德蒙特学院的作品，是重要的国家艺术画廊之一。萨包达美术馆曾经作为皇家博物馆，充满皇室气息。在博物馆密集的展厅中，沉淀着过去的辉煌，明暗的光影对比映射出萨沃伊几个世纪的历史，其中拥有巨大魅力和出色画质的杰作让它熠熠生辉
都灵大教堂 （Duomo di Torino）	都灵大教堂建于 1498 年，是意大利北部比较少见的文艺复兴式大教堂。虽然其规模不大，但在宗教界有着至高的地位，因为这里保存着一件非常神圣的宗教物——"耶稣裹尸布"。它的首次公开顿时引起整个基督界的震惊。裹尸布大约每一个世纪只公开展出 4 次，每次展览，都会有成千上万的教徒赶来瞻仰。此外，教堂里收还藏有一幅重达 900 千克的达·芬奇《最后的晚餐》的复制品
玛德玛宫 （Palazzo Madama）	玛德玛宫又称为"夫人宫"，是以中世纪城堡为基础改建而成，现如今为市古代艺术博物馆（Museo Civico di Arte Antica）。建筑的两面新旧风格鲜明对比，背面保留着棕色砖石结构的城堡样式，而面向城堡广场的正面就已经装饰成白色巴洛克风格。在 1848～1864 年这里曾经是意大利的议会大厦
都灵汽车博物馆 （Biscaretti Automobile Museum）	世界著名的汽车博物馆之一，该博物馆云集了世界上 80 个不同品牌自 1769 年至今生产的 400 多辆汽车，其中以意大利车为主，不少更是连厂家自己都没有收藏的珍品
萨沃王宫 （Palazzo Reale）	萨沃王宫是 17 世纪意大利著名的建筑之一，建筑风格奢华。直到 1865 年，萨沃王宫一直是萨沃公爵、意大利国王等王公贵族们的住所。1837 年，国王查尔斯·阿尔伯特将萨沃王宫的一部分改装成博物馆向公众开放，这个博物馆是世界上武器收藏最丰富的博物馆，其中有各种各样的剑、火器、盔甲等，这些展品可以使游客较深刻地认识中世纪时期的武器。1997 年，萨沃王宫被联合国教科文组织世界遗产委员会批准作为文化遗产列入《世界遗产名录》

2. 发展规模

都灵是意大利皮埃蒙特大区首府，共有城镇 53 个，城市人口 879808 人，大都会人口 2263263 人。

（1）滑雪场

都灵是拥有阿尔卑斯山脉广泛滑雪区的城市之一，以服务的质量和数量闻名于全世界。Alta Val Susa e Chisone 是 2006 年都灵冬季奥运会的山地赛场，提供了广阔而现代化的单板和滑雪区。维亚拉特亚滑雪场和巴多内基亚滑雪场是初学者和经验丰富滑雪者的理想地形。现代化的升降机为高山滑雪者和越野滑雪爱好者提供了技术滑雪道。许多雪地公园为热爱杂技和纯粹乐趣的滑雪者和单板爱好者提供跳台和技巧。滑雪大师和高山导游可以陪伴游客前往在松树林和高原之间的越野滑雪道并保证游客安全。野外山区爱好者们还可以练习滑雪登山、雪地徒步，在最狂野的山峰上欣赏壮丽的景色。

（2）冬奥会奥运村

都灵冬季奥运会设立都灵、巴多内基亚和塞斯特列雷 3 个奥运村，可接待运动员、教练员和官员 5000 余人。都灵村是最大的奥运村，主要接待冰球、花样滑冰和速度滑冰的运动队。该村由 5 大部分组成，可接待 2500 人，拥有综合诊所、餐厅、快餐馆和运动馆等设施。整个奥运村分为参赛体育代表团成员和运动员居住区与邀请来宾及记者的国际区。

巴多内基亚村海拔 1312 米，位于苏萨（Susa）山谷西边的最高点。它的周围被阿尔卑斯山的分支环绕，大部分山峰海拔超过 3000 米，同时四个山谷也被群山环抱——美勒兹（Melezet）山谷、拉罗（La Rho）山谷、罗切莫雷斯（Rochemolles）山谷和弗雷珠斯（Frejus）山谷。每个山谷都有河流穿山而过，形成独一无二的自然景观。该村主要是冬季奥运会雪橇、滑雪射击和花样滑雪赛场，可以容纳 700 人。

塞斯特列雷村可容纳 1700 人，其主要是高山滑雪、雪橇滑雪、速度滑雪等雪上运动比赛场地，村内娱乐、商务及其他服务设施齐全。

（3）接待游客

2017 年，都灵累计接待游客达 520 多万人次，比 2016 年游客数量增加了6.59%，与 2008 年相比，游客数量上涨了 49%。法国、德国、英国、荷兰和瑞士是都灵游客的重要来源国，此外，来自中国、日本和美国游客数量也在不断增加。都灵这座具有重工业之城美誉的城市，已经成为了意大利西北部地区最重要的旅游城市。

（二）体系架构

1. 产品类型

（1）滑雪运动

都灵及周边滑雪场概况如表 2-24 所示。

表 2-24　都灵及周边滑雪场概况

雪场名称	介　绍
巴多内基亚滑雪场 （Bardonecchia）	巴多内基亚滑雪场是 2006 年都灵冬季奥运会赛事场地，雪道总长超过 100 千米，基础海拔 1273 米，近 1500 米的落差，共设有 23 处缆车。因其雪道极多，其中 5 条黑道，18 条红道，16 条蓝道，纵横交错、难易可选，50% 的雪道具有人工造雪的能力，同时还有越野滑雪道、雪地行走等路线，所以适合各种等级的滑雪爱好者在这里滑雪
银河滑雪场/维亚拉蒂亚滑雪场（Via Lattea）	银河滑雪场是一家大型滑雪场、2006 年都灵冬季奥运会赛事场地，拥有 12 部缆车，可以承载滑雪者到达 1473 米的垂直高度。雪场共有 19 条雪道，比较适合中等水平的爱好者，但也有部分雪道适合初级和高级水平爱好者。除此之外，雪场还拥有 16 千米越野雪道
塞斯特雷—博加塔滑雪场 （Sestriere sub-area Borgata）	塞斯特雷—博加塔滑雪场是都灵冬季奥运会期间海拔最高的比赛场地，高山速降雪道起点海拔 288 米，落差达到 913 米，直线距离 2760 米，滑雪场能容纳 8000 名观众。其中 G Nasi 的大回转坡是世界上技术难度最高的坡度，大回转较高的部分极具观赏性，此后滑雪者进入丛林地带，赛道更加具有挑战性
萨奥兹—杜尔克斯滑雪场 （Sauze d'Oulx Jouvenceaux）	萨奥兹—杜尔克斯滑雪场海拔 1509 米，由于其优厚的自然条件，从 19 世纪开始就成为了都灵贵族专用的度假胜地和冬季运动滑雪胜地。都灵冬季奥运会自由式滑雪比赛就在这里举行，场馆可以容纳 7110 名观众，拥有两个自由式雪坡，一个用于空中技巧比赛，一个用于雪上技巧比赛
利莫内埃蒙特滑雪场 （Limone Piemonte）	利莫内埃蒙特滑雪场是一个现代的滑雪胜地，拥有总长 80 千米不同形状、难度各异的滑雪道，其中初学者雪道 7 条，中等难度雪道 25 条，高难度雪道 7 条；拥有 18 个上山缆车装置和 11 个装有座位的架空滑车，是适合带家人一起愉快度过周末和假期的完美目的地。此外，因其特殊的地理位置，使得它既坐落于白雪之间，却又与大海仅有一步之遥

- **其他滑雪运动**

雪地徒步、雪地骑车、越野滑雪、单板滑雪、冰山攀爬。

（2）夏季户外活动

- **攀岩**

夏季是攀岩的好季节，斯特雷塔山谷的米黎第岩壁是理想的攀岩场地。

- **自行车**

自行车公园拥有长达 400 千米的自行车小径，山地自行车爱好者可以在公园内一试身手。都灵市旅游观光局会经常推出自行车旅行，每条行程的景色各不相同，报名参与者可以在骑行过程中享受都灵自然与文化之美。

- **足球**

都灵拥有尤文图斯足球俱乐部、都灵足球俱乐部两大足球俱乐部。两队都是世界有名的足球俱乐部，曾多次获得意大利甲组足球联赛冠军，其中尤文图斯是世界顶级足球俱乐部之一，全球拥有数亿支持者。这座热爱足球的城市中足球场随处可见，都灵两大主要足球场概况如表 2-25 所示。

表 2-25　都灵两大主要足球场概况

名称	介　绍
尤文图斯体育中心 （Juventus Center）	尤文图斯体育中心位于都灵周边的 Vinovo 小镇上，离都灵市中心大概 30 分钟的车程，是所有尤文图斯球迷追星的好去处
都灵奥林匹克体育场 （Stadio Olimpico di Torino）	都灵奥林匹克体育场始建于 1934 年，后来为举办都灵冬季奥运会进行了全面翻新改造，成为了都灵市内最大的一座多功能体育场，承办过各大演唱会以及足球赛事

- **其他夏季户外运动**

山间徒步、网球、排球、沙滩排球、游泳、骑马徒步、户外夏令营、山地种植工作营。

（3）节庆活动

- **伊夫雷亚狂欢节**

伊夫雷亚狂欢节在意大利乃至全世界都赫赫有名，它是世界上最古老最独特的节日之一，在 1808 年得到了官方认证。伊夫雷亚狂欢节是人民反抗暴政的见证和回忆，根据当地的传统，人们通过相互扔橙子寓意把一年的坏运气和烦恼都扔掉，该节日每年吸引大量游客前来。狂欢节期间全城张灯结彩五颜六色，所有人都参与其中。

- 都灵 CioccolaTò 巧克力节

都灵巧克力节是意大利备受瞩目的节日，自 2003 年起每年秋冬季在都灵旧城最大的广场 Piazza San Carlo 举行，届时广场布满巧克力摊位，人山人海，每年节日期间可以吸引数十万的游客，消费数万吨的巧克力。巧克力节包含与巧克力有关的各种活动，如试吃、表演，使游客全方位了解巧克力文化，可谓是全世界巧克力爱好者的天堂。

- 国际美食沙龙

国际美食沙龙节每两年举办一次（双数年），期间都灵将会成为各种优良食品、产品和精美烹饪的大舞台，国际美食家会聚集在这里展示厨艺，值得注意的是，这个节日由意大利本土的慢食运动组织，该组织以反对快餐饮食为主旨。

- 意大利都灵国际电影节

意大利都灵国际电影节创办于 1982 年，原名为都灵国际青年电影节，在 11 月举行。它是每年圣诞节前欧洲最后一次电影盛会，一直以鼓励艺术探索而享誉影坛。

- 都灵传统跳蚤集市

都灵传统跳蚤集市每周六的早晨和每个月的第二个周日开市，此集会从 1856 年一直延续至今。

（4）赛事

都灵从不缺少举办冰雪运动赛事的经验，2006 年成功举办第 20 届冬季奥运会和冬季残奥会，2007 年 1 月第四次承办世界大学生冬季运动会，2019 年花样滑冰大奖赛的总决赛在都灵的 Palavela 体育场举行。每年冬季，都灵等意大利城市都会举办大区、全国乃至国际性的体育赛事，赛事也进一步细化为青年、少年等不同年龄段和滑冰、冰球等不同项目。

意大利作为足球大国，众多足球赛事都曾在都灵场馆举办，如意大利足球甲级联赛、意大利足球乙级联赛、两届意大利世界杯。此外，2021～2025 年，都灵将举办 Nitto ATP 总决赛，将有 8 名世界上最好的网球选手首次在意大利参加 ATP 总决赛。该比赛场地将是都灵的圣塔皮图尔宫，这是意大利最大的室内运动场，建于 2006 年，拥有 14350 个座位。

2. 配套设施

（1）住宿

都灵的酒店类型多样，最便宜的青年旅馆一天只要十几欧元，规模较大的酒店价格相对较高。但性价比较高的是一些家庭旅馆，藏在一些古老的建筑中，往往只是一层或者是同层的房间被装修成旅舍经营，所以在一幢建筑中，走出一部老电梯，看到的很可能是一间小旅舍。如四月家庭旅馆就是这样，这里有 3 间房，60 欧元一晚，铺的是散发着薰衣草气味的床单，这是欧洲人享受生活的方式。还有的家庭旅馆只有一张双人床和一张单人床，住客可以向主人租借自行车，都灵有 65 千米的自行车道，游客可以骑着自行车游遍公园。

（2）餐饮

作为皮埃蒙特大区的首府，都灵拥有着繁多的皮埃蒙特风味餐馆。皮埃蒙特菜是一种风味和口感极其强烈的菜系，由于皮埃蒙特地处阿尔卑斯山麓附近，皮埃蒙特菜也多以肉类和野味为主，以面食和红酒为辅，并伴随着多种开胃的小菜。都灵三大特色美食当属松露、巴罗洛葡萄酒和巧克力。黑松露味道清淡柔和，在烹饪中气味会减弱；而它的近亲白松露则味道浓郁，与面食、意大利调味饭或任何肉类同煮，仍然可以保留原来的香味。意大利最珍贵的白松露来自都灵附近，只在少数地区的深秋季节出产，价格昂贵，可达黑松露的 10 倍之高。一般餐厅服务人员将薄得像威化饼一样的松露片削入饭食中，削片的数目决定其价格。巴罗洛葡萄酒颜色如石榴般深红，味道醇厚，是用品质极好的"内比奥罗"葡萄酿成。上乘的巴罗洛葡萄酒被视为意大利最好的葡萄酒。在18 世纪中期，都灵的政客、艺术家和贵族经常在上等的咖啡厅里举行聚会，品尝博瑟林巧克力热饮——一种由热巧克力、意大利特浓咖啡和生奶油调制而成的混合饮品，这种饮品已经成为传统，一直保留至今。

（3）购物

罗马街（Via Roma）是都灵古代历史中心最重要的一条街道，笔直贯穿了有"都灵会客厅"之称的圣卡罗广场，直到卡斯特罗广场。街上店铺琳琅满目，大众到高端品牌应有尽有，街头售卖的手工艺品独具风格，品类多样，价格划算。值得一提的是，都灵拥有三家尤文图斯专卖店，常常会有一些签名的球衣在销售，十分受球迷欢迎。

（4）交通

都灵交通运输发达，是北部地区重要的公路、铁路以及航空枢纽。都灵市区的交通布局并不像大部分意大利城市那样杂乱和随意，沿用了古罗马时期和萨沃伊王朝时期的规整布局方式，除了市中心老城区的街道较为拥挤和窄小，城市主干道和新城区道路都相当宽敞，具有法国城市的风貌。

- **卡塞莱国际机场**

都灵 4E 级民航机场，距离市中心 16 千米，驾车半小时可达，有机场大巴和城际铁路连接。主要航班方向为意大利国内以及欧洲大陆和英国方向。卡塞莱机场是廉价航空公司 Blue Air 公司的两个中心机场之一，也是以 Blue Air 为首的包括瑞安、福林、EasyJet 等廉价航空的重要合作伙伴。

- **库内奥国际机场**

皮埃蒙特大区库内奥市（都灵往南 50 千米）4D 级民航机场，可到达卡利亚里、特拉帕尼、卡萨布兰卡（摩洛哥）、罗德岛（希腊）。

- **国际隧道**

都灵是意大利通往勃朗峰与大圣伯纳德隧道的交通枢纽，通过阿尔卑斯山跨国隧道可直接去往法国的里昂、尼斯。

- **城际与国家铁路**

都灵公交总公司（Gruppo Torinese Trasporti，GTT）和都灵大都会铁路运营服务公司（Servizio Ferroviario Metropolitano di Torino，SFM）承运多条皮埃蒙特大区内城际铁路线路，实现皮埃蒙特大区范围 2 小时内可达的快速铁路网布局。意大利铁路局（Rete Ferroviaria Italiana，RFI）承运国家铁路网线路，高铁 1 小时可达米兰，普快 2 小时可达热那亚。

- **高速公路**

都灵拥有 6 条高速公路线路，分别是 A4（都灵—米兰—布雷西亚—维罗纳—威尼斯—的里雅斯特）、A5（都灵—伊夫雷亚—奥斯塔）、A6（都灵—佛萨诺—萨沃纳）、A21（都灵—亚利桑德里亚—皮亚琴扎—布雷西亚）、A32（都灵—苏萨—巴多内基亚—Frejus 隧道）和 RA10（都灵—都灵卡塞莱—卡塞莱机场）。

- **地铁**

都灵有两条地铁线路，分别为 1 号线和 2 号线，其中 1 号线从 Fermi 至 Lingotto，2 号线已完成规划，将经过都灵理工主校区、市中心广场等重要人流集会中心。

- 公交和有轨电车

都灵拥有近 80 条公交线路，包括市区公交、郊区公交、夜班公交以及有轨电车。在都灵去往任意一个地点，一般都可以通过最多一次转乘公交到达，超过两次转乘已经是极少数情况。有轨电车和公交构成的地面公共交通系统基本解决了人们在市区活动的交通问题。

- 其他交通工具

船运（波河旅游观光船）、小火车（苏佩加教堂上山观光小火车）。

3. 配套服务

旅行服务：游客可以在都灵市旅游观光局官网上获取关于都灵住宿、餐饮、交通、节庆、赛事以及各种休闲活动信息，官网上经常推出优惠套餐旅游产品与服务，游客可直接在官网预订购买。

观光交通服务：都灵特色的有轨餐车是由两辆 1958 年 FIAT 和 SEAC 生产的 Vettura 2885 系列有轨电车改造而成，环绕历史城区几条最富观赏性的街道行驶，经过 Castello 广场、夫人宫、都灵塔、Valentino 城堡等城市重要景观点。

退税服务：在标有 Tax Free 标志的商店里，持旅游签证或者商务签证在商店消费 155 欧元以上，并在 3 个月内离开的，可在结账时索取退税单，需要提供护照首页，大多数情况下退税单据只能当天开具。退税物品包括：服装、奢侈品、化妆品、手表、皮具及电器，一般退税金为总金额的 11%~13%。

（三）模式与机制

1. 管理模式

举办世界性赛事能为承办地带来很多机遇，它能带来直接的旅游收益，提高承办地的知名度，促进承办地的城市变革。为更好地把握此次承办冬季奥运会的契机，都灵市政府委托都灵市旅游观光局全面设计、制定、开发和管理都灵的整体旅游项目。自 2003 年都灵开始遵循系统旅游组织开发模式，运用市场商业管理理念来开发管理旅游产品，并设定了 2003~2006 年都灵旅游开发目标和发展策略。

基于都灵旅游开发总目标，都灵市观光旅游局创制了旅游发展总体规划、规划目标、规划原则以及规划重点。以个性化创新、质量提升、改革、领导力量加强、尊重与信任、部门合作为规划管理原则，政府与旅游企业共同合作开发旅游市场，通过增加旅游供给的多元化，努力发展新的旅游市场，重点发展以商务会谈和会展奖励旅游为主体的商务旅游和以文化旅游、食品及酒文化旅游、都市节庆活动为主体的都市短假期休闲旅游，在政企合作的平台下整合推广都灵的 40 余所博物馆、巴洛克文化、世界文化遗产、美食、巧克力、葡萄酒、建筑文化、动态艺术、冬季奥运会、拥有先进生态技术的奥林匹克村等特色旅游资源，最终使都灵成为全球知名的特色旅游目的地。

2. 体制机制

都灵采取以政府机构为主导，通过建立战略性的合作网络，运作公众与企业的参与机制，调动全民的积极性来进行全民性的管理。都灵市旅游观光局联合意大利旅游研究专家和都灵旅游企业，共同开展了 2001~2011 年都灵旅游市场发展前景调研活动。在政企合作的平台下整合推广都灵特色旅游资源，各区政府与旅游企业合作开发都灵的旅游市场，帮助旅游产业提高利润、达到效益最大化。此外，观光局和科研机构及市民展开合作，将旅游产业的边际效应发挥到最大。通过全民参与将都灵建设成为世界旅游市场上具有吸引力和竞争力的旅游目的地。

3. 产业发展

为扩大都灵旅游供给市场，都灵市观光旅游局梳理了都市所有的旅游资源，整合开发成有市场竞争力的都市旅游产品，建立了各类都市旅游产品俱乐部，包括都灵周末旅游产品俱乐部、观光旅游俱乐部、饮食文化旅游俱乐部、购物旅游俱乐部、历史古镇旅游俱乐部、特殊旅游线路俱乐部等。开发设计多元化、特色化的旅游线路，包括文化旅游线路、购物旅游线路、节庆活动旅游线路、工业旅游线路、家庭旅游线路、饮食旅游线路等。

为吸引更多的旅游者，都灵采用降低旅游成本的方式开发低价都市旅游产品，加强与全球航空公司合作，特别是与廉价航空公司建立战略伙伴关系，吸引周边国家居民前来旅游。

为保障旅游产品质量，加大产品监管力度，设定了针对餐饮住宿服务设施的旅游质量卡，对其质量进行监控与评估，并定期在旅游委员会网站上公布质量排行表，敦促各旅游企业提升产品服务质量。观光旅游局同旅游企业、科研机构、市民合作，积极推广都灵旅游产品，大力建设宣传都灵新城市形象，即

"个性的、现代的、娱乐的、活跃的、运动的、所有人的都灵"。

自 2003 年明确发展举措后，都灵旅游业获得了发展，如 2004 年实际入境游客数比预期入境游客数上升了 6%，其中休闲旅游和商务旅游分别约占都灵旅游的 30% 和 70%。廉价航空公司成为旅游发展中主要的贡献者。据统计，新增加的游客中大多为第一次来都灵，低价机票对游客决策起到了很大的推动作用。

（四）问题与经验

1. 问题

为更好地举办冬季奥运会赛事，都灵采取一系列措施来提升城市旅游接待能力、改善旅游服务质量、扩大旅游产品供给，并取得了不错的成果，都灵带动了整个皮埃蒙特地区的游客数量的增长，2002~2005 年，过夜游客数量持上升态势，2006 年达到人数最高峰。但随着冬季奥运会的落幕，都灵 2007~2008 年的游客数量下降了 10%。虽然都灵制定了长期的城市规划和旅游发展计划，但从数据可知冬季奥运会给都灵带来的长期效益并不理想，凸显出"后劲"不足的问题。

2. 经验

（1）把握大赛机遇

都灵十分重视冬季奥运会项目，并紧紧把握住冬季奥运会带来的机遇，制定了城市旅游业发展计划、发展目标、发展具体举措，以冬季奥运会为契机，发展旅游业，进行城市产业改革，努力"摘掉"工业城市的标签，打造旅游友好型城市新形象。

（2）提升旅游综合吸引力与知名度

一直以来都灵工业城市的形象深入人心，旅游业长期以接待商人群体为主，其出色的文化、艺术资源没有得到有效利用。为使城市更好地发展，减少对工业的依赖，都灵从一开始就将发展休闲游、文化游作为都灵奥运目标之一，整合城市各类资源，开发设计都灵特色旅游产品与线路，通过举办冬季奥运会提升城市知名度，吸引游客前来旅游，在游客逗留期间向游客展示都灵历史、艺术、文化、饮食，丰富游客的旅游体验。

（3）善用资源连办大赛

继 2006 年冬季奥运会成功落幕，都灵又迎来了 2007 年世界大学生冬季运动会。都灵有着得天独厚的条件即冬季奥运会留下的宝贵资产，让赛事的组织变得异常简单。组委会提供的资料显示，2007 年大学生冬季运动会的总支出仅3000 万欧元。冬季奥运会建设的场馆足够满足世界大学生冬季运动会的需求，稍做维护就可投入使用。大运村正是当年的奥运村，都灵早在建设之前就为其预留了发展空间。大学生冬季运动会的举办，无疑是"以赛养馆，馆尽其用"，持续性利用场馆的最佳选择。

（4）充分考虑视觉需求

都灵冬季奥运会充分满足电视转播和文字记者需求。在主体育场，除了在观众席中心的 60 座贵宾席位以外，最好的位置都留给了媒体，还为记者安装了实时监控装置。都灵冬季奥运会开幕式非常精彩，对奥林匹克五环、都灵冬季奥运会会徽等标志进行处理，将奥林匹克形象充分视觉化，无论是在现场还是通过电视屏幕，都能充分感受到所宣扬的奥林匹克理念。

十、俄罗斯索契

（一）基本概况

1. 资源条件

（1）地理与天气条件

索契位于俄罗斯联邦克拉斯诺达尔边疆区与格鲁吉亚接界处、黑海沿岸，南北宽 40~60 千米，东西长 145 千米，是俄罗斯最狭长的城市，也是世界上最狭长的城市。索契城建立于 160 年前，是黑海边俄罗斯最大的城市之一。

索契与我国吉林省吉林市处于同一纬度，但温度却相差很大。北部大高加索山脉阻挡了北方的冷空气，南方黑海又像巨大的"暖水袋"一样散发热量。得益于依山傍海的独特地理条件，使索契终年温暖湿润，四季如春。索契最低温度也不会低于5℃，是地球最北端的亚热带气候区。

位于索契的克拉斯那波利亚纳，是阿德列尔区深山里的一个小镇，因周围一片雪山而闻名。克拉斯那波利亚纳位于高加索山脉，其海拔550~560米，是世界十大高山滑雪胜地之一。冬天，它是俄罗斯南部地区最著名的滑雪运动场，加上气候温暖，每年都能吸引众多的国内外滑雪爱好者云集；春夏两季，这里有开不完的野花，飘不尽的香气。

索契夏季气温不超过30℃，冬天气温在8℃左右，全年平均相对湿度都在70%~80%。索契一年中有200多天阳光普照，每年4~10月都可以在海里游泳，10月至次年5月则可以在坡上滑雪。

（2）自然资源条件

索契81%的土地被国家级景区、生态自然保护区以及原始森林覆盖。位于西高加索山脉的维珍科尔奇斯森林已被列入联合国教科文组织世界遗产名录。

索契市内还具有其他海滨城市没有的特点——常年的亚热带湿润气候，这使得索契温泉资源十分丰富。1898年，索契发现了氧氢泉，这是一种碱性碳酸氢温泉，有"神经镇痛剂"之称，能降低神经系统的兴奋性，对神经痛、皮肤病、关节炎有疗效；1902年9月15日，第一座温泉疗养院马采斯塔建成。此后贵族们开始在此大兴土木，索契也就逐渐成为了著名的疗养胜地。

（3）历史文化资源

索契是俄罗斯著名的海滨城市和多民族杂居城市，在这一地区生活的民族超过100个，被称为俄罗斯"少数民族最多的城市"。

此外，索契是苏联作家尼古拉·奥斯特洛夫斯基的疗养地点，他在这里写成了《钢铁是怎样炼成的》。纪念馆坐落在索契市中心，所在的街道被命名为"柯察金街"。

2. 发展规模

索契城市人口41万人，但每年接待游客却超过300万人，是全球著名的黑海海滨度假城市。

2014年2月，第22届冬季奥林匹克运动会在索契举行。2018年俄罗斯世界杯，索契为比赛会场之一。另外，索契和山东省威海市互为友好城市。2020年4月入选"2020全球避暑名城榜"。

（二）体系架构

1. 产品类型

（1）冰雪旅游

克拉斯那波利亚纳共有 4 个滑雪场，分别为：旋转木马山地滑雪场、阿尔皮卡滑雪中心、玫瑰庄园滑雪中心以及俄天然气总公司度假中心，总面积覆盖 150 万平方千米。其中最为著名的则是玫瑰庄园度假村，这个名字源于地理名称 Rosa，位于 2320 米的海拔高度，高低落差最大为 1534 米。

- **滑雪赛道**

全长 77 千米，由世界著名的国际滑雪联合会（FIS）设计师贝尔纳尔·鲁西设计，有 FIS 认证的 13 千米国际比赛路线，冬季奥运会期间，高山滑雪所有小项的比赛，包括速降比赛、全能赛（速降和回转）、大回转和超级大回转的比赛都在这里举行。

- **雪道**

长度和垂直下降从适合初学者的简单级到高难度的雪道，共有 59 条雪道，其中初级雪道 12 条，中级雪道 21 条，高级雪道 16 条，黑色钻石雪道 10 条。

- **雪场设施**

雪场设施完备，缆车运行时间为每日的 7：30—17：30，分为封闭式缆车和露天式缆车。

- **滑雪运动**

玫瑰庄园还拥有欧洲最大的人工造雪系统，滑雪的季节在这里一年长达 140 天。在这里，有高山滑雪、自由式滑雪和双板、单板滑雪、竞技滑雪、雪地摩托等各种花样玩法。

（2）避暑旅游

位于黑海之滨的索契，夏天温度不超过 30℃，这里的地理环境使得索契成为了绝佳的避暑胜地。

- **海滨度假**

海滨公园，它坐落在索契市中心，被无数鲜花和绿树包围。这是一个大型的娱乐公园，里面包罗万象，包括海豚馆、绿剧场、海洋水族馆、"毕加索"

夜总会、电影院、射击场、图书馆、酒吧、咖啡厅、美食街、室内大型体育馆、健身中心、高尔夫球场、网球场、"里维埃拉"沙滩、游乐园（儿童游乐园、恐怖屋、室外大型游乐器械、蜡像馆等）等。

水上游乐园"灯塔"，是索契唯一一个开放式的并有自己海滨浴场的水上乐园，有游泳、汽艇、水上自行车、跳伞等。

沿海海滨浴场，是索契唯一一家政府所属的海滨浴场，毗邻美丽的海岸花园。

"太阳"海滨浴场，是索契哈斯金区一家免费的海滨浴场，一共由七个大小不一的部分组成。浴场不大，但去这里游玩的人很多。因为这里没有活动范围的问题，浴场坡度不大，沿海海水不深，所以非常适合和孩子一起游玩。

- 高山运动

红波利亚纳已经成为滑雪爱好者和职业运动家的乐园。红波利亚纳山有到达高加索山脉的步道，其总长达到 25 千米，是登山爱好者的好去处。此外，随着索道的开通，每一个感兴趣的游客都可以乘坐缆车来到山顶。在登高的过程中，游客们可以通过缆车的窗户，欣赏大自然的美景。

- 景点观光

高加索国家自然生物圈保护区，西高加索山指的是黑海至厄尔布鲁士峰一带的高加索山脉西部地区，是欧洲现存唯一没有明显受人类影响的山区。索契的高加索国家自然生物圈保护区提供多条生态旅游线路供游客参加，有徒步、骑马、摩托车、汽车和直升机等不同的参观路线，不过对于路线规划和园内记录等有很明确的规定。

索契国家公园，占地面积 190000 公顷。索契国家公园内有超过 3000 种植物，250 多种脊椎动物。园区有 50 多条旅游线路。在这里野营也是可以的，但是由于公园内有许多危险动物如熊、狼、野猪甚至豹子，所以这是很冒险的事，不过这里可能是唯一一个能看到从白俄罗斯森林迁移到这里来的欧洲野牛的地方了。

索契植物园，这是一个令俄罗斯人引以为傲的植物园，栽种着 1800 多种适宜亚热带气候的树木和珍稀植物。在中央植物园旁边，有一片友谊林，那里的每一棵树都代表着一个来访的代表团。

（3）温泉疗养

索契是整个俄罗斯最好的疗养之地，索契拥有超过 140 家疗养院和家庭式旅馆，还有儿童疗养院。

在索契，疗养院均为大楼和别墅的集合建筑群，疗养院内疗养中心、水上乐园、娱乐设施一应俱全，不管是体检、理疗，还是美容都可以在疗养院完成。

来到疗养院，医生会为每位客人进行体检接诊，根据个人身体情况制定疗养计划。快速身体机能检测是对整个体质进行全面检查，目的是找到最适合个人现状的疗养方式。

疗养院具备多种针对不同个体的理疗方式，例如，洞穴疗法、涡流水按摩、按摩仪脚部按摩、无接触水按摩等。与此同时，还可选择在医生的带领下按照"全民健身体操"和"体育韵律操"等医疗体育项目的要求进行分班上课。

疗养院的餐饮、住宿都是纯正俄式风情，红菜汤、烤土豆、喀秋莎与手风琴，客人能想象到的关于俄罗斯的点滴都能在这里找到。

与动植物的亲密接触也是疗养的一部分，像俄罗斯铁道疗养集团旗下的四星"十月"疗养院，院内还有索契最大的动物园，园中生活着几十种动物，白虎、白狮、豹、黑熊等大型动物也在其中。

（4）文化旅游

● **斯大林别墅**

斯大林别墅全称是"斯大林绿色丛林别墅"，位于黑海岸边的一座山上，距索契市中心 12 千米。如今，斯大林别墅成为对外开放的别墅酒店，游客能在这里更多地了解俄罗斯历史。

● **奥斯特洛夫斯基文学创作博物馆**

奥斯特洛夫斯基文学创作博物馆是著名戏剧作家亚历山大·尼古拉耶维奇·奥斯特洛夫斯基的故居，这里展示了很多他生平的业绩和舞台照片等相当丰富的资料。但是这里的大部分说明都是俄语。博物馆展出了作家当年的生活场景，包括他妹妹和妈妈的房间、餐厅、厨房等。1940 年奥斯特洛夫斯基的故居被改建成为国家博物馆。

● **索契艺术博物馆**

索契艺术博物馆是一个真正的科学教育中心和领先的文化中心。索契艺术博物馆建造至今已超过 30 年。在此期间，自 1972 年重建联邦公路和霍尔美术博物馆展览管以来，这里从未停止过科学教育、股票和博览会展览工作。

● **冬日剧场/夏日露天剧场**

冬季剧院大楼建成于 1938 年，由建筑大师 K. H. 契尔诺布亚多夫 1935 年接受约瑟夫·斯大林的委托，花费 3 年时间设计建造的。索契冬季剧院是俄罗斯重点保护建筑古迹。冬季剧院会定期举办一些高水准的音乐会，礼堂可容纳970 人观看演出。

索契夏日露天剧场由建筑师克罗雷威次建于 1937 年，20 世纪 90 年代后期被荒废，一直到 2001 年被企业家 Фроленковым А. М. 赞助重新修复。不过好景不长，一段时间后再次被荒废。一直到 2013 年才又被古巴歌舞厅重新装修，装修后的观众席设计有 800 个座位，每晚 9 点开放表演。

2. 配套设施

（1）娱乐设施

作为俄罗斯著名的度假之城，索契为游客准备了充分的电影院、马戏团、水上乐园、海豚馆等，还有许多吸引人的娱乐设施。

（2）交通设施

索契是俄罗斯南部最主要的交通枢纽。

- 机场

索契国际机场是俄罗斯十佳机场之一，位于阿德列尔区。始建于 1945 年，目前是俄罗斯最好的地区性机场。机场有定期前往俄罗斯国内和国外的航班，国内航线主要前往莫斯科、圣彼得堡等地，国外航线则有维也纳等欧洲重要都市。

- 火车站

索契火车站始建于 1956 年，占地 6000 平方米。它既是城市的大门，也是索契最美丽的建筑，更被誉为索契第一名胜。车站位于市中心，毗邻市场和港口，靠近海滨浴场和宾馆酒店，每天有近百趟火车和十余趟电气列车往返于图阿普谢地区和阿布哈兹自治共和国的苏呼米之间。

- 港口

索契港始建于 1934 年，距离索契火车站 1.5 千米，距离索契国际机场 35千米，距离索契市中心 0.7 千米。国际化标准的索契港每小时可接待 1200 人次，现代化的码头可容纳 200 艘游艇。港口配套免费无线宽带、咖啡厅、免税店、纪念品店，设有海关以及边境移民管理处。

- 客运站

索契每个地区中心都设有客运站。每天均有几十辆车往返于地区、城市，甚至国家之间。索契没有地铁，没有电车；汽车是最主要的交通工具。游客可乘坐公交车或小型巴士出行。

（3）奥运场馆设施

2014年索契冬季奥运会总投资510亿美元，超过了此前全部冬季奥运会投资的总和，包括14座新建体育场馆、滑雪度假村，以及雪橇和跳台滑雪场地等。索契冬季奥运会的竞赛场馆分为两大类，一类是室内场馆，主要用于冰上项目，共有5座；另一类是室外场馆，主要用于雪上项目，共有7座。从建设特点来看，索契冬季奥运会室内冰上项目场馆的建筑设计各有特色，极尽精致与奢华。室外雪上项目场馆也不逊色，凸显世界顶级风范。自由式滑雪中心与雪板公园拥有独特的雪质与自然环境，使之成为世界一流的永久场馆。其中，阿德列尔竞技场现已作为网球学校的所在地，沙依巴冰球中心则作为国家儿童体育中心进行使用。山区的雪上运动建筑群，借助索契长久以来作为滑雪胜地的优势，赛后运营效果良好，由此带来的游客也为当地酒店业的生存发展提供了有力支持。

3. 配套服务

（1）商务购物

沿着索契海滨，有一条大约长1.5千米的步行街。一到晚上，那里便成了夜市，叫卖声不绝于耳。摊子上出售的商品大都产自中国，尤其是儿童玩具、各种游泳圈等。在中央区的"亚历山大"商场是俄罗斯南部最大的商业中心，它是索契为了迎接2014年冬季奥运会而建造的。该中心设有五十多个知名品牌的商店，给游客提供了多种商品选择。

（2）住宿餐饮

疗养之城索契拥有着俄罗斯最好的宾馆、旅店和酒店。在这里游客有多种多样的选择：不仅有旅馆和小宾馆，也有五星级的综合疗养院、酒店，这些可为每个到来的人提供最舒适最宽敞的房间，以及最高水平的服务。

索契拥有不同特色的餐厅：坐落在海拔2000多米高峰上的奢华西餐厅、开在鳟鱼养殖场旁边的希腊风格餐厅等。

（3）会议会展

索契的酒店不仅为游客提供优质舒适的住宿服务，同时也提供各具特色的会议会展服务。索契各大会议中心更是具有举办大型会议、会谈的优质设施与服务。除此之外，这里也是俄罗斯政治对话以及商务会议、文化节的举办地。

（三）模式与机制

1. 场馆运营模式

索契冬季奥运会场馆建设经费中的 95% 由政府直接或间接投资，其场馆集群在规划上强调集约式布局。集约式的场馆布局虽方便进行集中管理与运营，但是因功能重复以及市场供求关系的失衡，导致后奥运时期场馆运营的低可持续性。同时，政府在后奥运时期每年依然需要承担 264.8 亿卢布的场馆运营管理费用，以及每年举办 F1 赛事所需花费的 36.5 亿卢布运营费用。高额的运营费用给奥运场馆的赛后发展带来了更大的挑战。

2. 产业发展

索契当地人口较少，是以旅游业为主要产业的城市。其依托温泉、黑海与冰雪，形成了以度假为核心，以温泉疗养、海滨娱乐、冰雪运动为特色的核心产业圈，并扩展至文化旅游、避暑观光、会议会展等，同时通过大量的资金注入完善交通、娱乐、住宿、餐饮等设施与服务，如图 2-5 所示。

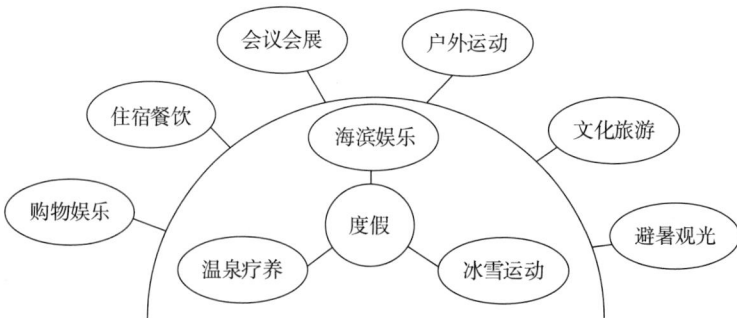

图 2-5 索契旅游产业分析

（四）问题与经验

1. 问题

（1）奥运场馆维护与使用成本过高

索契冬季奥运会场馆精致与奢华，但这种精致与奢华将大幅提高场馆的维护费用。索契冬季奥运会在申办时的预算为 120 亿美元，经过 7 年，费用不断增加，实际花费为 510 亿美元，超过往届所有冬季奥运会花费的总和，成为历史上最昂贵的奥运会。在申办冬季奥运会之前，索契是一座海滨度假小城，人口仅有 37 万，为了举办奥运会，俄罗斯联邦政府兴建了 378 项设施，当地政府兴建了 46 项设施，其中以索契火车站为起点的铁路、公路交通干线将海滨体育馆与高山滑雪场进行连接，其花费将近 90 亿美元。

从场馆总体规划来看，索契冬季奥运会的冰上项目场馆规划较为集中，5 个室内场馆都坐落在滨海奥林匹克公园内。这种布局方式固然有许多优点，但对场馆本身的赛后运营具有一定的影响。由于索契奥林匹克滑冰馆与奥林匹克椭圆速滑馆都可作为展馆，冰球馆与索契奥林匹克滑冰馆都可作为音乐厅，如此小的范围内设置多个功能类似的场馆容易造成供给过于集中，赛后各场馆在运营的过程中会为争夺客户资源而激烈竞争。

（2）常住人口数量少、收入低，难以消化过度集聚和重复的场馆功能

2017 年索契人口总数约为 41 万人，难以满足冰上运动场馆的运营需求。目前，索契作为滑雪胜地，年游客总量超过 300 万人，这为山区雪上运动场馆的运营提供了相对充足的动力。但据测算，年游客总量需要达到 500 万人才能够保障山区雪上运动场地的高使用率及其配套酒店的高入住率。[①]

2. 经验

（1）借助冬奥着力提升市政设施水平

水、电、气、热等各类市政设施是建设冬季奥运会场馆必不可少的，借助满足冬季奥运会市政基础设施需求的机遇，索契新建了 2 个热电厂、1 个燃气

---

① 加加林·弗拉基米尔·根纳季耶维奇，舒斌·伊戈尔·鲁比莫维奇，周志波 . 2014 年索契冬奥会的建设特点与赛后发展模式［J］. 建筑学报，2019（1）：19-23.

电厂、3 个污水处理厂、550 千米的高压电线、480 千米天然气管道等多项市政配套设施。在服务好冬季奥运会的同时，也全面改善了索契的整体市政设施水平，提升了城市的运行能力。此外，市政设施水平的提高还完善了俄罗斯绿色建筑标准，将索契建成为无障碍设施示范城市。

（2）发挥冬奥效应着力推进旅游发展

借助冬季奥运会提升索契城市形象和知名度的机遇，索契充分利用优良的自然环境条件，大力助推旅游业发展。筹备期间新建和改造了 50 多家星级酒店，新增 25000 个酒店客房，并配套建设索契主题公园，该主题公园成为莫斯科郊外唯一的俄罗斯主题公园。冬季奥运会后将滑雪赛场作为公共的滑雪场和度假地对外开放，把劳拉滑雪中心、玫瑰庄园极限运动中心打造成为滑雪度假胜地，把"冰立方"冰壶中心打造成多功能休闲馆，将索契旅游业提升到新的发展水平。2014 年，除去观看奥运会的游客外，索契迎接了大量的游客，游客数量增长了 40%，旅游业收入增加了 47%。在冬季奥运会的带动下，2014 年索契所在地区的游客总数超过 1300 万人次。

（3）依靠优势冰雪自然资源，培养全民对冰雪运动的热爱与体育人才

俄罗斯处于高纬度地区，冰雪自然资源丰富；来源于自身深厚的冰雪文化底蕴和与生俱来的不畏艰险的性格造就了国民对于冰雪运动的热爱。

俄罗斯冰雪运动的启蒙教育是从娃娃、从全民抓起的，在滑雪场或滑冰场常常可以看到儿童学习滑雪滑冰的情景。俄罗斯的青少年体育学校大多是开放式管理，大多数青少年运动员可以在放学后或假期里进行训练。此外，除了高校教育外，还有诸多培训机构，如"俄罗斯国际奥林匹克大学"专门致力于培养奥林匹克运动及体育产业所需的各种专业人才，其已为世界各地培养出体育管理专业人才上千人。

（4）充分依托本地优势，开发特色产品

索契的地理位置、地形地貌及气候条件等禀赋资源为其成为著名的旅游度假胜地奠定了重要基础。19 世纪末，这里丰富的温泉资源就吸引了不少游客。20 世纪二三十年代，不少商人就经常来此疗养度假。自此，索契便以疗养度假为主题，逐渐开发了冰雪运动，并成功举办第 22 届冬季奥运会与第 11 届冬季残奥会。同时，这里也已经成为政治对话以及商务会议、文化节的举办地。此外，索契也充分结合当地的特色与俄罗斯文化，形成了冰雪旅游、海滨度假、温泉疗养以及文化旅游等系列旅游产品，完善的交通、娱乐、餐饮、住宿等基础设施与服务，给游客打造了一个高纬度的度假城市。

十一、韩国平昌

（一）基本概况

1. 资源条件

（1）地理位置

平昌郡是韩国第三大郡，位于韩国江原道，江原道是韩国风景最秀丽的地区之一，境内85%的地方都被各色山川覆盖；江原道属季风气候带，四季分明，春夏秋冬的景致绚烂多彩，极富个性。

（2）自然资源

有着"亚洲的阿尔卑斯"美誉的平昌郡海拔700米，其四面环山，地处太白山脉，冬季雪量很大。

平昌郡五台山位于江原道，高1563.4米，五台山国立公园建于1975年，五台山因满月台、长岭台、麒麟台、象三台和知工台而得名。五台山主峰为毗卢峰，西南方绵延着小台山、虎岭峰、小溪房山等山峰，东面与上王峰和头老峰相连，其因崇山峻岭而著称。

2. 发展规模

早在第23届冬季奥运会之前，位于江原道的平昌郡便是韩国著名的滑雪胜地，举办过2013年世界冬季特殊奥林匹克运动会。在江原道遍布着各大滑雪度假村，每逢入冬时，便有大批滑雪爱好者前来感受冬日雪域的魅力。

（二）体系架构

1. 产品类型

（1）冰雪旅游

平昌的滑雪场以度假村的形式存在，除滑雪场外，还包括餐饮、住宿、娱乐、购物等业态，一个度假村便是一个旅游聚集地，可以满足游客的各种需求，韩国平昌度假村相关情况如表 2-26 所示。

表 2-26　韩国平昌度假村概况

度假村	介　　绍	特色
阿尔卑西亚度假村	基本情况：阿尔卑西亚度假村坐落于海拔 700 米的平昌郡大关岭。这样的高度十分有利于人体健康和生理节律。2018 年冬季奥运会在此举办冬季两项、越野滑雪、跳台滑雪、无舵雪橇、有舵雪橇、俯式冰橇等比赛项目。 滑雪：6 条专业级雪道分成不同的坡度和难度，可以全方位满足各种水平的滑雪者需要；度假村的亮点是滑雪跳台，这也是 2018 年冬季奥运会跳台滑雪比赛的举行场地，分设 98 米和 125 米高度跳台。雪场每半小时便有一辆单轨列车去往位于滑雪跳台上端的高塔，塔顶的眺望台拥有极佳的视野，可以一览度假村全景。 从初级到高级共 6 面雪坡，可容纳 3000 人同时享受滑雪的快乐。其设有滑雪板专用雪坡和长距离雪橇场，使其与滑雪互不影响。3 台高速缆车每小时可输送 2400～3000 人。 配套：阿尔卑西亚度假村内设有 871 间客房，分为四星级和五星级，同时阿尔卑西亚度假村拥有最好的温泉设施，并提供世界级水平专业医疗师的温泉治疗、按摩服务。阿尔卑西亚度假村是一个四季均可前往的观光地，这里不仅可以看到大关岭的美景，度假村内还配套建造了高尔夫球场、水上乐园、音乐厅等一系列休闲场地，让游客在亲近自然的同时也不会感到乏味	滑雪跳台、瞭望台观景、大关岭度假
龙平度假村	优势：距首尔约 200 千米，坐落于海拔 1458 米的发旺山山脚下，海拔 700 米，享有"韩国屋脊"的别称，年平均降雪量达到 2.5 米，从 11 月中旬至次年 4 月均可享受滑雪的乐趣。在其 17.4 平方千米的土地上，你会发现一个 45 洞的高尔夫球场、28 个滑道、豪华酒店、欧式风格的公寓和其他休闲设施，可供全家享用。 基本情况：龙平度假村滑雪场是一家集滑雪、高尔夫、住宿和水上乐园为一体的综合滑雪旅游胜地。室内还有游泳池、桑拿等附属设施。园区内有山岳雪橇场、室内高尔夫球场、生存游戏场、山地自行车道和 6 洞简易高尔夫推杆练习场、森林浴、射箭场、门球、曲棍球、网球、野营所等。住宿设施有宾馆、公寓、学生旅店等，其周围有五台山国立公园、大关岭牧场、大关岭博物馆等。 滑雪：滑雪场拥有得到国际滑雪联盟（FIS）认可的红色、银色、金色斜度的滑道，还有适合初学者的黄色滑道和粉色滑道，适合中等水平的新红色、绿色滑道等 18 种斜度和 15 架升降缆车、长 3.7 千米的 8 人乘封闭缆车。 特点：此处之所以出名，更大一部分原因便是它在各大影视剧中频频现身，能够吸引更多的游客来此打卡	滑雪期长、与影视剧结合密切

度假村	介　绍	特色
凤凰度假村	基本情况：离首尔仅需 1 小时 50 分钟车程的凤凰度假村是一处集公寓、滑雪场、高尔夫球场和各种休闲设施于一体、配套设施完备的山岳型综合休养度假区。 滑雪：滑雪场拥有包括经国际滑雪联盟（FIS）认证的 4 条雪道在内的共 21 条优质雪道，这些雪道各具特色，可供不同水平的滑雪爱好者选用。8 架新型滑雪缆车，使游客在滑雪的同时可以欣赏雪景。为满足滑雪爱好者们的需求，滑雪场内还特设了 6 架输送带。从顶端到底部长达 2.2 千米，平均宽度达 46 米的雪道，可以满足从初学者到高手的不同需求。此外，专为滑雪板爱好者设计的 "U" 形池以及 Table Top 等极限运动公园，更是把凤凰度假村打造成吸引力十足的冰雪乐园。 配套：凤凰度假村还特别为团体游客准备了青年旅馆、户外游泳场等各种休闲设施，适合全家一年四季在此享受休闲时光。 此外，这里的欧式公寓也曾是韩剧的拍摄点，结合周围的美景，这里也是打卡点	冰雪运动与冰雪娱乐、韩剧打卡
伊利希安江村度假村	优势：这里地理位置绝佳，距离首尔仅一小时车程，乘坐地铁也能轻松抵达。 滑雪：伊利希安江村度假村建有 10 条滑雪道，分为 "溪谷" 形和 "山脊" 形，"溪谷" 形雪道的坡度较缓，适合初学者使用，而 "山脊" 形雪道能带给游客无与伦比的刺激体验，适合高级别的滑雪爱好者。滑雪板公园是伊利希安江村度假村中最受欢迎的娱乐场所，建有 10 多种设施，无论是初学者，还是高级别的爱好者，都能在这里得到满足。滑雪场还为游客们设置了专业的滑雪学校，讲师可以流利地使用中英文双语授课。对于参加并顺利完成滑雪课的外国游客，学校将会授予滑雪级别结业证书。 度假：这里除了冬季的滑雪项目外，度假村内也配备了齐全的游乐设施，打一场高尔夫，举办一次户外烧烤，或者只是简单地欣赏唯美风景，都是都市人们郊游度假的好活动	地理位置优越、滑雪培训、郊区度假
High1 度假村	High1 度假村由大山公寓、溪谷公寓和丘陵公寓组成。其设有露天温泉、滑雪学校等高级附带设施，规模大，共有 343 间客房，游客可以享受与自然为伴的高品位休养。 High1 度假村拥有 18 条分别从 3 个山头滑下的梦幻般的滑雪道，这里专为初次滑雪的游客开设的初级滑雪道也得到了广大游客的认可。乘坐着缆车上到高达 1345 米的山顶，上面是顺着山顶缓慢而下长达 4.2 千米线路的起点。而且，High1 度假村拥有举办世界杯滑雪大赛 2 条赛道以及举办残疾人滑雪世界杯赛的 "High1" 滑雪场，这里还是韩国最早能乘坐滑雪观光列车前往的地方，在韩国非常受欢迎	离滑雪场近、适合家庭度假

（2）乡村旅游

• 香草王国农园

香草王国农园位于兴亭溪谷，这里春秋两季充满香草的迷人香气，拥有着金达莱花和枫叶点缀着的美丽溪谷。夏天可以在溪谷之中嬉戏感受清凉溪水，冬季白雪皑皑，自然风景美不胜收。

农园里按照各个主题布置了多个庭园：香草庭园、儿童庭园、莎士比亚庭园、料理庭园、蝴蝶庭园等。这里栽种的香草种类多达百种，并且按用途进行区域划分，各自配有简单的说明以供游客方便辨识。

在白桦树建成的小屋中，可以品尝到各种香草制成的美食、咖啡及热茶，游客们还可以体验现场制作香草蜡烛、美食的乐趣。由于此处美景闻名国内外，电视剧《欲望的火花》等都曾来此取景。

• 三养大关岭牧场

三养大关岭牧场的规模巨大，其位于江原道大关岭一带，占地1982万平方米，是由原有的留休地开发而成的草地，是韩国畜产品的主要产地。

三养大关岭牧场是三养拉面和牛奶生产企业运营的牧场。这里也是韩国东部最大的牧场，其仿造度假村模式修建，牧场顶峰黄柄山东邻江陵镜浦台、注文津、连谷川、青鹤洞、小金刚溪谷等风景名胜地，在山丘眺望，可看到不远处的注文津海水浴场和美丽的东海岸，而西侧则是一望无际的牧场风光。

牧野山坡间，白色风车散落其中，如同现实中的童话世界。如此美景，对于擅长制造浪漫的韩剧而言自然不可错过。《恋爱小说》《龙八夷》《亲切的金子》《欢迎来到东莫村》等都曾来过此处取景拍摄。

（3）文化旅游

• 五台山国立公园

五台山国立公园建于1975年，因满月台、长岭台、麒麟台、象三台和知工台而得名，这里有许多登山步道和散步步道。

作为五台山的代表寺刹，月精寺有八角九层石塔及劝善门、石造菩萨坐像等，是韩国的佛教圣地，来到这里可以更好地了解韩国佛教文化。

与其他寺庙不同的是，走进月精寺需要穿过1千米的冷杉林路才可到达。这条小路深受韩国人喜爱。这条路也在众多韩剧中出镜，是热门的打卡地。

• 节日庆典

每到冰与雪的季节，江原道平昌郡五台山一带便会举行户外鳟鱼节。平昌郡以大雪覆盖下的自然风光而闻名，被誉为韩国的阿尔卑斯。庆典期间游客可一边欣赏冬季美景，一边参与充满乐趣的冬季庆典。平昌鳟鱼节以"冰雪与鳟鱼谱写的冬季故事"为主题，推出冰钓鳟鱼、雪橇、传统雪橇等多种体验项目。

Ski Korea Festival 是专门让游客充分感受自由和竞速的体育休闲型庆典活动。该活动不仅为职业滑雪高手提供专业滑雪运动项目，还为一般游客提供了参赛者滑雪大赛、公演、文化体验等多种文娱活动。

Fun Ski Fes tival 的举行会吸引众多国内外滑雪爱好者前来参加。庆典上不仅为游客提供可跟专家学习双板滑雪、单板滑雪技巧的机会，而且还有滑雪大赛、颁奖礼、公演等活动，让游客尽情地感受冬天的浪漫和滑雪的魅力。

2. 配套设施

(1) 交通设施

● 客运

平昌有3个主要的（长途）汽车客运站：长坪巴士客运站、珍富长途汽车客运站以及横溪长途汽车客运站。其中离凤凰度假村最近的客运站是长坪站，而去龙平度假村和阿尔卑西亚度假村则是在横溪站下车，然后再分别乘坐巴士抵达目的地。凤凰度假村和龙平度假村分别在长坪和横溪的客运站都有免费巴士接送客人前往度假村。

● 火车

目前高速铁路已经建完，于2017年12月开通，珍富站也在2017年12月开始运营，现在可以从原州出发途径平昌到达江陵。除了珍富站之外，2017年12月平昌站也开始运营。平昌站位于平昌的西部，连接着举办滑雪等项目的凤凰度假村。

另外，从首尔·首都圈出发的直通列车，始发站为仁川国际机场或者龙山站，途经京义中央线上的清凉里站，最后到达平昌和江陵。

(2) 休闲设施

平昌的各处度假村内都分布有高尔夫俱乐部、观光吊厢式缆车、火车主题公园、户外游泳池、高山滑车、户外SPA、橡皮圈雪橇、游乐场、传统美食店、音乐剧剧场、会展中心、植物园、动物农场、邮局、宠物托管所、购物中心等休闲设施。

3. 配套服务

(1) 餐饮服务

平昌美食谷有 700 多家美食店，其设有地方传统美食和茶馆，各度假村均有各具特色的餐饮店。

(2) 住宿服务

在平昌的各处度假村内均分布着从经济型到各种星级的酒店宾馆，宾馆设施齐全、服务优秀。具体包括假日平昌度假村、洲际平昌度假村、龙平度假村、凤凰城宾馆、公寓、民宿等。

(三) 模式与机制

1. 发展模式

与欧美国家相比，韩国滑雪场的规模和数量都有一定差距。韩国滑雪产业发展不追求滑雪场数量规模的扩张，其注重品质化发展。韩国滑雪场中的相关设施都是进口的，一般的索道、度假小屋、公寓住房等设施比较完备。

韩国滑雪场实施了严格的准入制度，各开发阶段受到法律法规约束。韩国滑雪旅游业发展所实施的是四季旅游度假地战略，如夏季的水上乐园，春天和秋天的登山活动等。在品牌建设及宣传方面，韩国高等级滑雪场的品牌标志在各个游客集散地都能看到。韩国滑雪场在建设布局上更加注重绿色环保与可持续发展，整体布局趋于集聚、集中，整个滑雪场冬季办公区域的室内温度统一规定为 19℃，以节省能源。滑雪场的污水处理达到国家标准后才可以对外排放，滑雪度假区的固体垃圾处理都由外部垃圾处理公司承办，公寓式酒店建筑简约、低碳、环保。滑雪场每年都安排义务植树的计划，这对防止水土流失、绿化雪场周边环境、实现可持续发展都产生了极为积极的推动作用。

2. 可持续管理体系

自 2013 年开始，平昌冬奥组委着手构建可持续性管理体系。结合往届奥运会经验，应用《大型活动可持续性管理体系要求及使用指南》，将可持续性融入冬季奥运会的准备工作中。2016 年 9 月，平昌冬奥组委内部的 11 个业务口通过了可持续性管理体系认证。

战略框架——平昌冬季奥运会可持续性战略框架包括愿景、目标、任务、主题，以及对主题的任务分解和目标管理。平昌冬季奥运会可持续性愿景与平昌冬季奥运会"新境界"愿景一脉相承，试图创造平昌奥运会可持续性的新境界，致力于人与自然更长远的利益。平昌冬奥组委确立了低碳绿色奥运、亲近自然、创造美好生活、自豪的传统与文化、平昌全球化走向世界五大可持续发展主题及对应的 17 项管理行动。

组织机构——自 2012 年 7 月起，平昌冬奥组委建立了包括内部利益和外部利益相关方在内的可持续组织机构。在平昌冬奥组委内部指定负责人，设立环境处和可持续发展处（分别隶属于环境森林部和策划部），主要负责环境方面和其他可持续性工作的开展。在赛事策划和赛事管理部门内部组建了一支可持续工作团队，确保各部门内部的可持续性工作有序展开。在冬奥组委外部，与江原道政府共同组建环境和可持续发展委员会，并定期召开会议，围绕重要环境和可持续发展议题进行决策。

管理运行——在冬奥组委层面，建立以策划、实施、检查、改进为主要框架的可持续性管理流程，并为每个阶段设立管理目标与管理行动，确保体系的良性运行和不断改进。在部门层面，平昌冬奥组委将 5 项可持续性管理目标对应的 17 项管理措施，分解为 51 项管理行动，分配至 20 个部门内部进行管理。在遗产管理方面，以可持续性主题为核心，规划在环境、经济和社会方面的 18 项遗产及实现措施。针对个别重要遗产划拨资金、技术和人员支持，策划专项活动。

3. 产业发展

韩国滑雪场都以综合度假村的形式为主，雪场拥有齐全的设施和设备，如滑雪道、索道、雪具出租店等滑雪场设施。其产业特色在于将冰雪产业与娱乐影视产业相结合：其一，韩国度假村全年举行活动项目，大部分拥有至少一个高尔夫场地、一个室内游泳池和商店。室内的商业中心建有很多娱乐活动场所，如保龄球、乒乓球、电动游戏、电影等，当然也建有饭店、酒吧和夜总会，甚至还建有水上公园与主题乐园。其二，韩国凭借成熟的影视产业，带动国民的滑雪热情与打卡欲望。其三，通过自然景观与乡村旅游的开发与节庆赛事等丰富平昌的旅游产业，平昌旅游产业分析如图 2-6 所示。

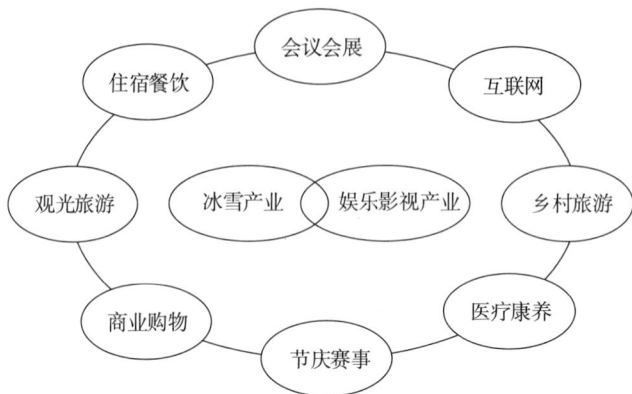

图 2-6　平昌旅游产业分析

（四）经验

1. 产业特色融合

（1）冰雪产业与影视产业相结合

韩国影视产业链十分庞大，特别是电视剧与综艺节目产业，尤其受到青少年的追捧。平昌的度假村巧妙地将电视剧与滑雪场结合，如龙平度假村就曾是《冬季恋歌》《孤单又灿烂的神——鬼怪》这些火爆电视剧的拍摄地，一度掀起龙平度假村的游览热潮；此外，凤凰度假村是经典韩剧《蓝色生死恋》的拍摄地，至今都有来自世界各地的粉丝前去打卡。通过与影视剧的结合，既能支持国家影视业发展，也能对度假村进行有效的宣传，激起人们的打卡欲望。

（2）滑雪与休闲娱乐相结合

韩国滑雪场以度假村的形式存在，除滑雪场外，还包括餐饮、住宿、娱乐、购物等各种业态，一个度假村便是一个旅游聚集地，可以满足游客的各种需求。这也使得冰雪旅游的季节性问题得到一定程度的缓解，夏季的平昌同样也是度假胜地。

（3）冰雪旅游与文化旅游相结合

通过大型节庆活动、文化旅游景点，以及民族手工艺的展示与打造，整合冰雪文化、民族文化与地域文化，使得冰雪运动具有地域特点，同时也传承与发扬传统文化，丰富冰雪旅游内涵，实现冰雪旅游可持续发展。

2. 冰雪体育人才培养

(1) 依托学校开展冰雪体育的普及与人才储备

从韩国各级学校冰雪体育项目开展的状况不难看出，其良好的冰雪体育大众基础，为韩国竞技体育的发展创造了稳定可靠的后备人才。首先，以各级学校为平台培养冰雪体育人才，可以保障运动员的文化素质；其次，较小年龄运动员的训练计划主要以基本技术训练为主，进而随着年龄增长逐渐增加运动强度，防止"揠苗助长"的早期专项化训练方式，以培养体育兴趣为主要目的，保证运动员的运动潜力、文化素质、人格品质全面协调发展。

(2) 科学化的训练与管理理念

韩国冰雪体育人才的训练与管理，通过学习借鉴世界冰雪强国的先进经验，结合自身特点逐步改进完善，形成了一整套系统的、科学化的训练与管理方式。同时，科学化的医学监测辅助支援，不仅对运动员日常身体状况等生理机能进行监控，还对运动员心理变化进行监测疏导，在了解运动员身心状态的基础上，根据实时状态及时调整训练计划，以便创造更好的运动成绩。除此之外，结合俱乐部、企业等社会力量共同培养，调动利用多方优势来促进冰雪体育人才培养的可持续发展。

(3) 运动员保障体系

韩国冰雪体育运动员的保障服务对象分为现役运动员与退役运动员，对现役运动员从待遇、医疗保险、优秀运动员助学计划等方面提供支援，较好地消除了运动员在运动生涯发展中的各种顾虑，旨在让运动员一心投入训练之中。对于退役后计划从事体育相关领域的人员，如体育设施建设、体育用品制作与销售、体育市场开发等，政府还提供1~2年内的创业贷款。对于退役运动员的后续问题，韩国虽然没有政策性的安置规定，但通过社会力量合理引导运动员再就业并开设各种培训课程，积极鼓励退役运动员创业或进入企业工作。

(4) 体育明星的宣传与榜样作用

金妍儿、李相花等韩国冰雪体育明星的价值不仅局限于创造丰厚的经济效益，更重要的是对冰雪体育项目具有巨大的宣传作用，这对该项目的发展有着深远的战略意义。因此，无论从事冰雪运动竞技项目，还是参与冰雪运动健身项目，我国的冬季运动项目体育人口都会增加，特别是体育明星的成功经历会激励后续几代人的冰雪热情，中国实现 3 亿人参与冰雪运动的愿景也离不开冬季项目体育明星的作用。对广大青少年儿童而言，榜样的力量是无穷的，通过体育明星的宣传作用，会使更多的学生加入体育锻炼中。

十二、日本长野

（一）基本概况

1. 资源条件

（1）地理与气候

长野县位于日本本州岛中部，处于关西、关东之间，在素有"日本屋脊"之称的中央高地上，东邻群马县，西界岐阜县，南接山梨县和静冈县，北连新潟县和富山县，是日本八大内陆县之一。

长野县除北部地区属日本海式气候外，大部分属于内陆气候，年日照时间长达 2000 小时左右，年平均气温在 12℃ 左右，湿度较低，气候清新凉爽。最冷月 1 月平均温度在 0℃ 左右，最热月 7 月、8 月平均气温为 30℃。全县地势较高，所以平均气温也偏低，天气较干燥，同时温差也非常大，北方靠近新潟县附近，在冬季即使平地也都会有 3 米以上的积雪，而长野县南方靠近太平洋，故有些地方比较温暖。一般情况下长野县在晚秋左右就会开始下雪，直到来年约 4 月初雪期停止。

（2）自然资源

• 山川河流

长野县的中部有许多山峦，属于那须、富士、乘鞍三个火山带，西侧连绵着日本阿尔卑斯山脉，群峰海拔都在 3000 米以上。县内既有险峻的高山地带，又有开阔平缓的高原地带，夏天，各种高山植物花卉竞相开放，冬天各地开放滑雪场，滑雪爱好者络绎不绝。长野县大约 20% 的区域被指定为自然公园。

长野县境内有合称为日本阿尔卑斯的三大山脉：飞驒山脉、木曾山脉、赤石山脉。此外，长野县河、湖资源丰富，有千曲川、犀川等河川，野尻湖、木崎湖、诹访湖等湖泊。

- 温泉

长野县是日本第二大温泉县。这里历史悠久，有许多保留着古香古色风情的温泉，汤田中温泉、涩温泉、奥志贺温泉、野泽温泉等都是历史悠久的温泉度假胜地。

（3）文化资源

长野县历史较为悠久，有浓厚的民俗文化、神社文化、佛教文化、农业文化以及温泉文化等，同时这里也保留着大量历史古迹可供游客参观。

2. 发展规模

长野县高原果树和蔬菜栽培技术较为发达，日本少有的农业县之一，号称园艺王国。长野县林业发达，木曾山的桧林号称日本三大美林之一。长野县有着丰富的高山湖和河流，虹鳟鱼养殖居日本第一位；观光资源丰富，被称为"日本的瑞士"，是日本屈指可数的观光县。

（二）体系架构

1. 产品类型

（1）冰雪旅游

- 滑雪运动

在日本，长野是拥有雪场最多的县，据长野县2015年的调查，县内处于营业状态的雪场共有95家。作为1998年冬季奥运会的主办地，长野县境内的滑雪场数量众多、雪质出众，并呈现集约化的经营格局。境内，连片成块的滑雪场主要集中在白马村·小谷村、志贺高原、乘鞍高原、斑尾高原等地，各个地方滑雪场的地形、规模、滑道难易程度等有所不同，游客前往长野县滑雪可有多样化的选择，不同水平的滑雪爱好者都能在长野找到雪野上的乐趣，长野部分滑雪场情况如表2-27所示。

表 2-27　长野部分滑雪场概况

滑雪区域	介　绍
志贺高原	分布在海拔 1300~2300 米的高山上，拥有 50 座爬山电梯、吊舱、空中吊车连接着 19 个滑雪场。游客可以一边欣赏众多景点，一边倾听有关志贺高原历史的介绍
野泽温泉村	野泽温泉村位于长野县北部，作为温泉村与滑雪村闻名遐迩。滑雪海拔差为 1085 米，滑雪路线的总面积为 297 公顷，其面积、历史、积雪等均被定位于日本最高级别。滑雪场路线有 36 条，还有儿童公园、新雪区等，无论是初学者还是高水平专业者都能玩得痛快
白马滑雪场	由小谷村、白马村、大町市这三个行政区的 11 家滑雪场和 15 家缆车经营者组成，雪道总数超过 200 条，历来是外国雪友赴日滑雪的主要目的地之一
轻井泽滑雪场	轻井泽滑雪场拥有 9 座缆车，10 条雪道，适合初学者与中级雪友；是日本最大规模的人工雪滑雪场，雪场引进近 200 座造雪机，不间断造雪，为雪友提供雪道，每年 11 月上旬就开始开门迎客。轻井泽滑雪场距离东京仅有 1 小时的车程。此外，轻井泽滑雪场凭借周到的服务，在日本雪圈博得了"值得推荐带孩子滑雪的雪场"这个响当当的名号
斑尾高原滑雪场	斑尾高原滑雪场拥有雪道 31 条，缆车 14 条，落差 440 米，最长滑行距离 2500 米，最大坡度 36°，初学道占 30%、中级道占 35%、高级道占 35%。斑尾高原滑雪场有日本数量最多且不易见到的林间雪道。针对初学者，滑雪场也建有自由滑行公园、儿童乐园，这里还为喜爱跳台的小伙伴们设计的起跳台

- 其他雪上运动

此外，在丰富的雪上运动项目方面，长野县的滑雪场也为那些不会滑雪的游客提供了休闲的雪上项目，如雪上摩托艇、雪上香蕉船等较为刺激的项目；也有雪地探险、雪地徒步等不同难度的项目以确保大人与小孩都能参与。

- 冰雪娱乐

长野的大部分滑雪场都为儿童设立了不同的雪上乐园，如冰雪乐园、儿童乐园、儿童雪区，滑雪之余还可以来这里体验各种有趣的雪上娱乐项目。

- 滑雪教育

轻井泽滑雪场以雪为主题，轻井泽的经营者把滑雪儿童学校、雪地主题公园、雪地幼儿园经营得有声有色。

(2) 温泉度假

日本作为温泉大国，温泉设施遍及全国各地，长野也是日本著名的温泉度假胜地。

- 野泽温泉村

野泽温泉村位于日本长野县北部，其中共分布有 30 余处自喷温泉，以及大大小小共 13 处外汤。野泽温泉的外汤全部都是当地居民的共同财产，由当地居民维持和管理，包括电费和水费的支出也是由当地人负责，每天都有居民轮流负责清理，卫生条件也有很高的保障。

- 志贺高原温泉区

志贺高原附近分布着许多温泉，如汤田中温泉、涩温泉、奥志贺温泉疗养地等。根据温泉分布与类型的不同，志贺高原修建了欧式度假村、日本传统民宿等供游客选择。

（3）避暑旅游

以轻井泽为代表，长野是日本著名的避暑胜地，轻井泽更有"东京后花园"的美誉。

- 户外运动

长野县面积大，山林河川多，目前为止，形成了水陆空三维立体式的户外运动产品，长野县夏季户外运动概况如表 2-28 所示。

表 2-28　长野县夏季户外运动概况

运动类型	种类	描　述
山地运动	自行车骑行	在长野的各地区都有不同种类的自行车骑行活动，有山林、田野小路慢骑，也有冒险和技术挑战的山地骑行，有适合初学者的路线，也有适合资深者的路线；同时还有一些俱乐部与专业的山地自行车手能够给游客提供指导与向导服务
	登山徒步	长野山林资源丰富，登山徒步是非常受欢迎的夏季运动，这里有 80 千米的长距离山路
	高尔夫	日本轻井泽被誉为东京后花园，因海拔高，即使炎炎夏日气温也不超过 30℃，早晚更是清凉。轻井泽是日本皇室的夏季避暑度假胜地，这里有豪华别墅区以及多个高尔夫球场
水上运动	游泳、泛舟	拥有丰沛清流的长野县，是日本首屈一指的水上活动区域。在丰富大自然的野外，从初学者至上级者都能享受泛舟、独木舟及溪降等各种户外活动的乐趣
	皮艇、立桨冲浪	以湖泊透明度闻名的青木湖为中心，在大町市三个美丽湖泊中可以体验独木舟、皮艇等水上活动，此外还能体验立桨冲浪

运动类型	种类	描　述
空中运动	滑翔伞	从滑雪场的斜坡翱翔起飞，可以将日本阿尔卑斯群山、冬季奥运的跳台等充满魄力的风景尽收眼底，同时有专业教练提供详细说明及帮助
	热气球	以长野县吉祥物为模型的热气球，最高可飞升至 30 米。随季节变化可观赏到不同的美景，游客可在长野早晨清爽的空气以及美丽的风景中享受热气球的乐趣

- **轻井泽度假**

别墅度假：优美的风景与凉爽的气候使这里成为绝佳的避暑胜地，同时这里也是日本最有名的豪华别墅区和上流社会聚居地。这里除了拥有很多特色的度假村，还有很多私人别墅，此外还建有繁华的商业街。

旅游观光：山里的峡谷、温泉、瀑布、湖泊是户外运动的好去处，高海拔使该地区即使在夏天也能保持凉爽，所以这里也是旅游观光的好去处。

- **森林疗养**

赤泽自然休养林位于信州木曾路的西部，树龄超过 300 年的木曾扁柏自然森林绵延不断，夏天的新绿、秋天溪流沿岸的红叶令人大饱眼福。赤泽自然休养林自古作为森林浴胜地而闻名，是日本三大美林之一，2001 年被定为环境省（部）植物香气风景一百处之一。园内除 8 条散步路线外，还保存着曾经在木曾山林中活跃过的"赤泽森林铁路"，该铁路在开园期间的星期六、星期日及节日开放。

(4) 乡村旅游

- **农业采摘**

在城市郊区，让旅游者通过亲自采摘农民种植的无农药、绿色环保的果蔬来体验田园生活的乐趣。以长野县布山久义观光果园为例，园内种植了大量的苹果树、桃树、梨树，由于果园背靠日本阿尔卑斯山脉，游客在采摘过程中，还可以将美景尽收眼底。

- **家庭牧场**

长野县拥有许多天然的大牧场。当地农民以家庭为单位，开设各类家庭牧场。游客免门票进入牧场游玩，不仅可以亲手制作黄油、香肠，体验挤牛奶、骑马等娱乐活动，还可以乘坐拖拉机欣赏牧场的自然风光。

- 农业公园

作为长野县的一种新型农业形式，它以当地农民生活区域为核心，涵盖农业耕种文化、田园风光、乡村环境等内容，并将现代农业景观与乡村旅游融为一体。游客在农业公园中，除了欣赏农林自然景观外，还可以参与鸡、鸭、鹅等家禽的饲养工作，体验最质朴的农民日常生活。

(5) 文化旅游

- 寺庙、神社

神社文化是日本传统文化，长野县神社数量众多，如南信浓各神社、Ny-akuichi-Oji 神社等，不仅可供游客参观，这些神社每年还举办汤立节、骑马射箭比赛等节庆与活动。

- 博物馆、艺术馆

浮世绘博物馆、千住博美术馆、季节美术馆、信浓美术馆等博物馆、美术馆的存在让长野的历史文化得以保存，也使得这个地方充满着艺术的气息。

- 民俗文化体验

长野县的山脉在历史上曾是修行者修行"Shugendo"（一种山区崇拜）的地方。现在长野仍然保留部分遗址并修建了博物馆供游客参观体验，如户隐忍术学校可供大人与小孩体验忍术，这里还有忍者馆、忍术博物馆等。此外，日式庭院、传统祭祀活动、传统手工、传统表演等也让长野的文化得以传播与发扬。

(6) 节庆活动

- 饭山雪节

长野北部的饭山是日本屈指可数的雪量丰富的地区。"饭山雪节"是这个地区冬季代表性的活动，以饭山市区的主会场为中心，展出大小不一、形态各异的雪雕供游客们欣赏。这里还有场面雄壮的传统艺术表演和列队游行等，娱乐休闲活动丰富多彩。

- 野泽温泉道祖神节

野泽温泉道祖神节作为日本三大火把节之一，1993 年被指定为日本重点无形民俗文化遗产。1 月 15 日夜晚，诞生长男的家庭奉献"初灯笼"，祈祷孩子健康成长。

- 佐久热气球节

佐久市会以不同主题举办热气球节，届时，天空将飘满多彩的热气球。

● 诹访湖祭湖上烟花大会

诹访湖祭湖上烟花大会于 1949 年首次举办，总计发射 4 万发烟花，数量为日本第一。该节日还有长达 2 千米的"尼亚加拉大瀑布"烟花登场，向湖面倾泻，非常壮观。

2. 配套设施

(1) 机场

松本机场位于长野县松本市，主要飞行日本国内航线，但随着"访日诱客支援空港"计划的实施，松本机场逐渐步入国际化建设。

(2) 新干线、出租、巴士

日本新干线在长野、轻井泽均有站点；成田机场、羽田机场、中部机场等都有出租车或者巴士前往长野的滑雪场。

(3) 缆车、索道

为方便滑雪与登山的游客，长野在各滑雪场与山地修建了缆车与山地索道。

3. 配套服务

整体来说，长野各地区的餐饮住宿与购物等服务都围绕滑雪场而建，并且滑雪场也基本沿着火车线路分布以方便游客出行，每个车站附近也都有一个小的居民聚集地。

(1) 住宿服务

滑雪场与游客信息中心之间有大片的民宿和酒店，游客信息中心会安排巴士接送游客，由于滑雪场所在的村子规模不大，民宿也都围绕着村子中心布局。一般民宿的设备都很齐全、干净，能够为游客提供舒心的住宿。此外，夏季的长野也有大量的避暑山庄与山林民宿。

(2) 餐饮服务

滑雪场所在的山顶、山腰和山脚都有休息吃饭的餐厅，村子里也有大量的餐厅，日本的民宿也会提供当地的餐饮服务。

(3) 购物服务

一般游客中心附近会有大型的超市，车站附近也有户外店。

（三）模式与机制

1. 管理模式

长野县滑雪产业管理主要由长野县政府主导，由日本长野县政府、滑雪经营机构组成的"Snow Resort 信州"推广委员会、滑雪场经营者等组建的长野索道经营者协会等与滑雪相关的协会等社会机构负责滑雪产业的日常运营，各规划建设主体、社区居民参与建设与店铺运营。

2. 运营模式

（1）野泽温泉民营化模式

经过一系列商业行为，野泽滑雪场所在城镇出资 2000 万日元，正式成立滑雪场运营公司——野泽温泉株式会社。野泽温泉株式会社成立后当地自治组织注资 3500 万日元，该地区内的酒店、民宿等设计滑雪旅游产业的相关组合和个人共同注资 7000 万日元。野泽滑雪场的主要设备、索道拖牵等资产被划分为城镇所有权，产权与经营有区分的民营化模式诞生，日本学界称之为"上下分离"民营化合作。

（2）区域联合经营模式

2016 年，长野县大町市、白马村、小谷村的 11 家滑雪场和 15 家缆车经营者组成的"Hakuba Valley"滑雪联合经营体宣布，各个滑雪机构都必须引进自动检票系统"IC Ticket"，26 家机构作为"1 个滑雪场"联合经营。雪友只需要拿 1 张共通 IC 滑雪票"Hakuba Valley Ticket"，便可以在加入"Hakuba Valley"滑雪联合体的任何滑雪场自由滑雪。IC 雪票到期后，雪友可以在网上商店、滑雪场雪票窗口、引进系统的宾馆、雪具出租店铺等地方充值。

3. 产业发展

"靠山吃山"，长野县旅游业的发展基本围绕山林、山地。冬季，长野旅游产业主要以冰雪旅游为主，以雪为主题，开发多种雪上运动、雪上娱乐等项目以拓展冰雪产业链，同时通过将滑雪与温泉相结合形成特色产品，加强核心；夏季，长野旅游产业以避暑为主题，开展多种户外运动、观光休闲等。这使得长野的旅游能够在一年四季得以发展。除此之外，长野作为郊区，山村较多，高原牧场资源优良，乡村旅游业也十分繁荣，长野县旅游产业分析如图2-7所示。

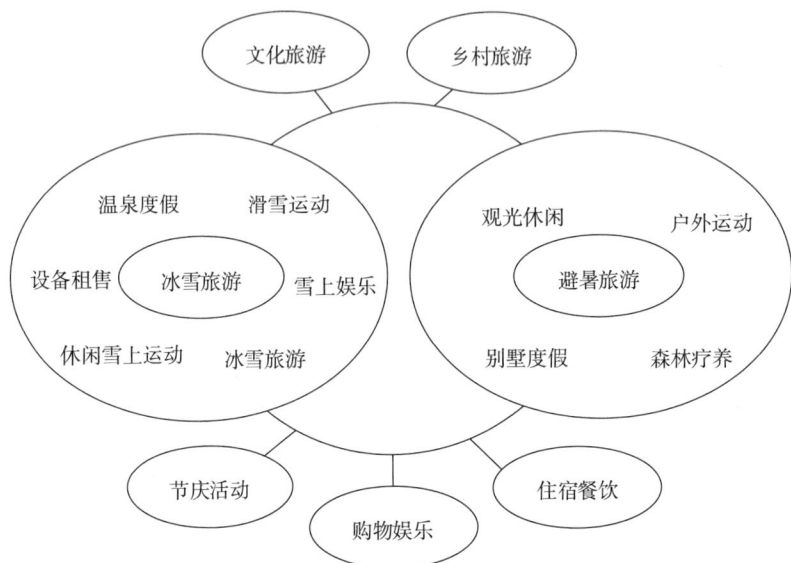

图2-7 长野县旅游产业分析

（四）经验

1. 政府高度重视滑雪旅游的发展

近年来日本在经济缓慢恢复的背景下，着重发展以滑雪为代表的体育观光旅游。滑雪旅游将滑雪运动和自然景观、社会文化等地域资源融为一体，带动住宿、交通、餐饮、零售等相关产业，从而促进地方经济的长期稳定发展。日本政府主要从三个方面对滑雪产业给予支持：第一，从政策上支持滑雪产业。2017年日本体育厅召开"体育观光官民协议会"，将雪上运动为首的户外体育作为支持的重点领域。日本国土交通省观光厅自2017年以来，定期举办"激活滑雪胜地推进会议"，并和各方专家商讨未来滑雪产业发展的行动计划、实施的举措，发布示范案例并积极进行成果推广。第二，从经济上给予支援。为提高滑雪胜地的国际竞争力，日本每年对企划创建区域滑雪观光品牌的项目给予最高500万日元经济支持，并对实施和提升区域滑雪品牌的主体平台给予事业经费 40%的经济资助，有力地推动了区域滑雪品牌的成长。第三，为人才培养提供指导。2015 年，日本国土交通省观光厅发布《打造区域观光从培养人才开始》，以中长期的视角明确人才培养的三个阶段，与教育、研究等专业组织共同举办研修会和讲座，重视工作坊和实践相结合的培养模式。该模式的确立为滑雪产业各领域的人才培养提供了标准和具体指导，有助于滑雪产业获得长期的人力支持。

2. 坚持绿色可持续发展

优异的自然环境是发展旅游的前提。长野县在开发旅游的过程中，始终遵循自然规律，没有过多的人为干预。面对严酷的冰雪天气，当地居民因地制宜地发现气候变化规律，找准最佳时机，最终将不利因素转化为经济收益。因此，我国也应向长野县学习，加强对当地原有生态的保护，坚持绿色发展与可持续发展理念在发展旅游时应充分考虑利用荒山、荒地等资源，最终实现旅游与环境保护和谐发展。

3. 滑雪与温泉相结合，打造特色冰雪旅游产品

日本的滑雪场以设施优良、降雪量大、雪道种类多而著称。滑雪者可以在不同的海拔地区尝试单板、双板、短撬及雪上摩托等多种滑雪运动。雪场缆车的起点处均设有大型餐饮、休息、购物区，位于山坡中部的缆车换乘站，设有小型的食堂和冷热饮自动贩卖机，游客可以在滑行的途中进入这些休闲场所休息及用餐。日本的滑雪产业吸取欧洲经验，滑雪场周围星级酒店的建筑风格也多是欧式风格，部分酒店坐落于滑雪场内的雪道边，酒店的大门与缆车站只有百米之隔。此外，还有众多的民营旅店遍布滑雪场周围，旅店内一般都有天然温泉和乡土料理。

许多日本滑雪区域同时也作为温泉胜地，滑雪场内一般都有较好的温泉设施，游客白天在冰天雪地里玩了一天后，晚上泡进温暖的温泉中可缓解一天的寒冷和疲劳。这样也就形成了日本式冬季旅游的特有方式，即滑雪与温泉放松结合在一起。

4. 通过区域联合增强竞争力

日本借鉴阿尔卑斯滑雪圈的经营模式，将区域内的多个滑雪场联合起来，树立滑雪区域品牌，强调其独特性，为滑雪游客提供在其他地方无法获得的价

值和体验。首先，对游客来说，区域内的通用雪季门票可以极大地满足他们求新求异的心理，游客能够自由体验各个雪场的雪道特色并获得畅爽的休闲体验。其次，对滑雪场而言，运营主体的一体化不仅可以实现旅游资源的效用最大化，还能有效避免过度竞争的发生。在以往的经营理念中，为提高滑雪场营业额，往往以打价格战、竞相降低滑雪门票价格的方式来吸引更多的顾客。这种以牺牲利润为代价的方式容易引发恶性竞争，并最终使自身利益受损。滑雪区域品牌的建立让每个雪场不再是单兵作战，而是通过携手发展，实现经济效益和社会效益的共赢，从而增强市场竞争力。最后，滑雪区域的建立有利于滑雪场挖掘自身特点，实施差异化经营。依据自身优势的差异化经营，可以避免同质化、大而全的发展模式，有利于在市场竞争中脱颖而出，迅速提升品牌关注度，同时也可以与其他滑雪场各有侧重、互为补充。

5. 着重培养国内稳定的滑雪消费群体

为遏制国内滑雪消费群体不断下滑的趋势，日本国土交通省实施各种市场调研，细致把握滑雪人群的分布和消费能力，将重点放在培养青少年和老年群体上。

日本从激发青少年对滑雪的兴趣入手，开展"19~SNOW MAGIC"活动，让19岁的青少年可在当年雪季免费获得索道门票，畅滑全国多个滑雪场，无时间和次数限制。该活动实施以来，带动青少年参与滑雪运动的效果显著。2015年，19岁会员人数比2011年增长了2倍，人均滑雪次数也从2.6次增加到3.3次。日本以19岁为契机，大面积推广免费畅滑，不仅让青少年提高了滑雪技能，更激发了他们对滑雪运动的热爱；该活动着眼于以长远的目标培育未来的滑雪主力军，看重青少年在成家立业后带孩子重返滑雪场的潜力，孩子在父母的影响下将成为新的滑雪消费群体。调查显示，高达41.5%的10~19岁日本青少年由于受到家人的影响开始学习滑雪。如此形成良性循环，有利于培养稳定的滑雪消费群体。

此外，老年人群由于有较多的闲暇时间和较强的消费能力也成为日本滑雪产业关注的焦点。调查显示，在各年龄人群中，60岁以上的男性和50岁以上的女性的单次滑雪消费都达到最高值，分别为95696日元和86289日元。因此，滑雪场纷纷开设老年滑雪俱乐部向老年人免费提供滑雪课程；为避免和单板滑雪者发生冲突，设置了安全系数较高的双板滑雪专门雪道；每周定期有专科医生在雪场随时待命为老年人就诊等各项措施吸引老年人群。滑雪活动既满足了老年人对休闲和健康的需求，又增加了老年人之间的互相交流，每年高达95%的回头率就是老年人钟情滑雪的有力证明。日本拥有庞大的老年人群，他们年轻时大多都有过滑雪经历，对滑雪活动接受度较高，实施的意愿也比较强烈。但由于年龄大、身体不便，对安全、医疗的服务有更高需求，滑雪场便通过提供细致贴心的服务解决了老年人的后顾之忧。重新启动经济实力雄厚又热爱运动的老年人群，无疑将为日本滑雪产业的发展注入新的力量。

第三部分　研究总结

一、发展模式总结

（一）"场—镇—城"三位一体的空间组织格局

第二部分所讲述的国际一流滑雪旅游目的地，虽都发端于条件优越的天然滑雪场地，但真正要成为功能强大、效益显著、具有国际影响力的目的地，雪场条件只是一部分决定因素。在长期的历史积累和市场淘汰过程中，它们普遍在地域（也是产业）空间上形成了"场—镇—城"三位一体的空间组织格局。

"场—镇—城"体系中的"场"，是指滑雪场地本身，雪道多、难度（挑战体验感）高、选择丰富、设施完备，是国际一流滑雪旅游目的地的核心和基础，是关键的必要非充分条件。

所谓"镇"，是紧密连接和服务于滑雪场地的"小镇"，通常为历史社区、街区（以欧洲历史悠久的滑雪旅游目的地为代表）或服务设施集群（以北美、日韩等较新的目的地为代表）。"镇"为滑雪场提供了高效率、大容量、文化氛围浓郁、设施舒适便利的服务基地。更为重要的是，它提供了滑雪之外休闲活动的机会，满足了大量"非专业"滑雪爱好者和伴游者的活动需求，同时为住宿、餐饮、休闲娱乐、文创、商贸等伴生产业提供了发展平台，也为"文化遗产"的积累提供了物理空间。这些小镇，因滑雪而生，背景是崇山峻岭，环境清新别致，每到冬季，游客从各地前来，共同享受并创造出欢乐、健康、自由的生活文化。霞慕尼、加米施—帕滕基兴、利勒哈默尔等均成为冬季欧美的热门旅游目的地。这些小镇与滑雪场之间最大的特点就是距离短。此外，尺度小、特色鲜明、产业多元，也是雪场小镇的基本特征。

所谓"城"，是指滑雪旅游目的地应具有发达的国际交通条件，通常表现为与一座枢纽型大城市紧密连接。这是目的地获取广域市场的重要条件。"镇"与"城"之间大多有公路铁路连接，班车密集，租车便利，车程在一小时左右。这些大城市，除拥有便利的国际交通条件外，还拥有综合完备的旅游度假产品与设施，给滑雪产业提供了市场支撑，国际冰雪旅游目的地空间格局与特色如表3-1所示。

表 3-1　国际冰雪旅游目的地空间格局与特色

城	镇	距离	交通方式	小镇（市）特色
日内瓦（瑞士）	霞慕尼（法国）	88 千米	飞机、火车、客车、自驾	全长 1000 米左右的商业街，两侧商店、超市、药店、餐厅、咖啡馆、银行、酒店、影院等，一应俱全
苏黎世（瑞士）	圣莫里茨（市）	140 千米	飞机、火车、自驾	圣莫里茨是阿尔卑斯地区拥有五星级酒店最多的地区，也是世界上豪华酒店密度最大的城市
丹佛（美国）	范尔	120 千米	飞机、火车、自驾	范尔不仅可以滑雪，其还为不滑雪的游客提供雪地轮胎、机动雪橇、餐厅酒吧、精品店和各种娱乐设施
慕尼黑（德国）	加米施-帕滕基兴	80 千米	火车、巴士、自驾	作为壁画小镇，加米施-帕滕基兴雪白的墙壁上画着各种各样鲜艳的图画，同时也是手工艺中心，以传统的铁器、艺术木器、雕刻和酿酒闻名欧洲
都灵（意大利）	巴多内基亚	88 千米	火车、自驾	美达勒街（Via Medail）将巴多内基亚的老城与 18 世纪建造的新城相连接，这条主街也是巴多内基亚的游客中心。此外，巴多内基亚市内的公共交通是全部免费的，从小镇步行 10 多分钟就能抵达滑雪场
温哥华（加拿大）	惠斯勒	100 千米	自驾、巴士	惠斯勒集合了酒店、餐饮以及各式商店，从默默无闻的夏季垂钓区发展成为世界著名的全季度假区
萨尔茨堡（奥地利）	因斯布鲁克	140 千米	火车、巴士、自驾	在狭窄的小街上，哥特式风格的楼房鳞次栉比。巴洛克式的大门和文艺复兴式的连拱廊展现出古城的风貌，同时也是施华洛世奇公司的总部所在地
奥斯陆（挪威）	利勒哈默尔	135 千米	自驾、巴士	从 1994 年冬季奥运会的滑雪跳台、奥运博物馆、雪橇赛道体验，到获奖餐厅和时髦酒吧，魅力十足的城镇氛围和各式雪后娱乐活动绝对不会让游客感到无聊
索契（俄罗斯）	—	—	—	温泉疗养、海滨度假、艺术馆、夏/冬日剧场都是索契的亮点，作为俄罗斯南部主要的交通枢纽之一
首尔（韩国）	平昌	126 千米	客运、火车	以度假村的形式存在，除滑雪场外，还包括餐饮、住宿、娱乐、购物等各种业态，一个度假村便是一个旅游聚集地，可以满足游客的各种需求
东京（日本）	长野	175 千米	新干线、出租、巴士	滑雪场基本沿着火车线路分布，旅游接待服务设施都围绕滑雪场而建设；同时浓厚的日本本土气息以及温泉泡汤与滑雪相结合，打造了独特的滑雪产品

（二）大型赛事驱动下的"新遗产创造"模式

奥运会等重大赛事会对举办地带来各方面的影响，有时甚至造成财政危机、资产闲置等问题。如何有效发挥大型赛事的积极效应，留下丰厚的遗产，成为学术界研究的重点。

前文所述的世界一流的滑雪旅游目的地均举办过冬奥会，也是世界杯和其他重要国际单项赛事的经常举办地。它们均有效利用了大型赛事契机，在设施完善、市场推广、功能升级等方面取得了显著成功。

法国霞慕尼作为传统的滑雪和登山运动目的地，通过举办1924年首届冬季奥运会获得了长足的进步。霞慕尼借助冬季奥运会，克服多种困难，大规模兴建和完善基础设施并在冬季奥运会上惊艳亮相。随后又承办了多项国际性重大体育赛事，成为户外运动爱好者的天堂。从此，霞慕尼一举成为与圣莫里茨等传统滑雪目的地相抗衡的欧洲顶级滑雪旅游目的地。

大型赛事的驱动效应，其体现在一些投资巨大、技术难度大、市场受众相对小的标志性设施的建设上。这些设施的投入，只有在当期收益可观、未来市场增长可期且有多方投入支持的条件下才能实现。如俄罗斯索契长达20千米的滑雪赛道、因斯布鲁克的伊瑟尔山滑雪跳台、霞慕尼的第一座通往冰川的缆索等，均是冬季奥运会带来的重要遗产。

为2022年北京冬季奥运会兴建的国家雪橇馆、国家速滑馆、"大跳台"、太子城高铁线和冬奥小镇等，不仅耗资巨大，更需要国家层面上的布局和协调。以雪橇馆为例，全球此类场地尚不足20处，它的建成将成为进入世界级滑雪旅游度假地的一项重要资本。与此同时，2022年北京冬季奥运会还在实践中完善"投资—运营一体化"投入管理模式，该模式最大程度地为中国创造"新遗产"，以期在赛后留下一个新型产业集群，彻底改变区域发展能力和走向。

（三）产业与功能的"圈层递进式"升级

产业融合已经成为被广泛认知和接受的发展模式。除文化和旅游的深度融合外，当前文旅与体育、康养、地产、互联网甚至装备制造业等多个产业的大融合也已在多方面显露端倪。

前述国际一流滑雪旅游目的地均已实现融合（复合）型的产业发展格局。

这种融合发展也并非一蹴而就，它们通常存在由内而外、由基础到外围，以"圈层递进式"的方式，逐步夯实、拓展、升级、跃迁，遵循着一定的发展时序逻辑。这种"圈层结构"包括产业和功能两个维度。

产业圈层。核心层包括滑雪以及住宿与餐饮服务；中间层是与滑雪紧密联系的度假、商业地产、观光旅游、旅游商品零售产业等；外围联动层是相关联动和支撑产业，包括会展、文创、度假地产、旅游交通、康养、装备制造、技术服务、救护、培训教育等。

功能圈层。核心功能是滑雪运动，包含专业级和大众级；基础功能包括度假、观光、休闲娱乐；拓展功能包括康疗、会议展览、商贸、地产、研学、文艺和文创产业、装备制造等，不同地区通常有不同的演进取向。另外，在季节方面，存在从单季目的地向双季和全季目的地演进的过程；在市场方面，存在从基础市场到全球市场演进（通常并不放弃甚至高度重视基础市场）的过程。

以霞慕尼为例，一方面强化滑雪基础功能；另一方面大力发展综合旅游功能。随着目的地的发展与市场需求的转变，霞慕尼逐渐演化出运动赛事、文化旅游、乡村旅游、文创生产等新兴功能。霞慕尼还十分重视户外（登山）与滑雪两大核心竞争力的并行发展，在政府层面将冬季项目逐渐纳入法国的国家正规教育体系中，并且在霞慕尼修建了法国国立登山滑雪学校（ENSA），不断强化目的地的综合发展能力。索契和因斯布鲁克等案例略有不同，它们在已有的旅游、度假功能基础上，强化了滑雪功能。随着滑雪功能的发展与完善，当地业态更加丰富，产业结构和季节性得到平衡，市场影响力显著扩大。随后进一步丰富休闲度假功能，演化出体育赛事、会议会展、文化创意等功能。

二、主要经验总结

（一）自然资源条件优越

优越的自然资源是国外冰雪旅游目的地发展的基石。阿尔卑斯山地区是欧洲最高、最雄伟的山脉，平均海拔在 3000 米左右，它西起法国东南部的尼斯，经瑞士、德国南部、意大利北部，东到维也纳盆地，绵延 1200 千米，最宽处可达 300 千米。高大的山体、起伏的地势为滑雪场的建设提供了天然优势，因此，阿尔卑斯山区历来都是欧洲主要滑雪旅游区所在地，也是大部分山地体育运动项目的发源地。世界上许多著名的冰雪旅游胜地都位于阿尔卑斯山区的中心地带。

法国霞慕尼每年从 9 月开始进入雪季，两场大雪之后，勃朗峰山区就会被大雪覆盖成为一个天然雪场，滑雪季一直延续到来年 4 月。瑞士圣莫里茨所在的恩嘎丁地区共有 173 座冰川，一年中拥有 320 天的充足日照以及能够治愈疾病的矿泉。俄罗斯索契位于俄罗斯联邦克拉斯诺达尔边疆区与格鲁吉亚接界处、黑海沿岸。索契夏季气温不超过 30℃，冬天气温在 8℃ 左右，全年平均相对湿度在 70%~80%。索契一年中有 200 多天阳光普照，每年 4~10 月人们便可以在海里游泳，10 月至次年 5 月则可以在坡上滑雪。野泽温泉滑雪场坐落于长野县，该地区是日本著名的滑雪度假聚集区，一年四季雪量充沛、雪质松软、颗粒小、湿度低，有"粉雪"的美誉。雪场雪道最大落差 1085 米，最大坡道不超过 39°，最长滑行距离 10000 米，起伏滑道面积约占总面积的 20%。

（二）基础设施健全

滑雪旅游作为冰雪旅游的主要产品，与温泉旅游、高尔夫旅游并称世界三大主题度假休闲旅游活动。在欧洲，冰雪旅游的效益主要来源于滑雪旅游。一些国家滑雪旅游甚至成为国民经济的支柱产业。如瑞士，其滑雪旅游收入占国民生产总值的 30% 左右，占瑞士旅游总收入的 60%。欧洲的滑雪场不仅规模大，而且质量与档次也较高。霞慕尼雪场非常大，横跨了法国、瑞士、意大利这三个国家，整个霞慕尼山谷中分布着大大小小 6 个雪场，由 3 家大型高海拔雪场和 3 家中小型低海拔滑雪场组成，雪道总长更是超过了 150 千米。作为圣莫里茨四大滑雪场之一，内尔山地区的考尔维利亚陡坡（2003 年世界锦标赛赛道）拥有 100% 倾斜度的雪坡，滑行速度在 7 秒内可从 0 加速到 130 千米/小时。利勒哈默尔作为挪威最古老的冬季运动胜地，能为滑雪者提供规模不同的 5 家滑雪场，超过 92 条雪道，117 千米的滑雪体验。韩国平昌的阿尔卑西亚度假村的滑雪跳台是 2018 年冬季奥运会跳台滑雪比赛的举办地，分设 98 米和 125 米高度跳台，雪场每半小时便有一辆单轨列车去往位于滑雪跳台上端的高塔，塔顶的眺望台拥有极佳的视野，可以让游客一览度假村全景。

除了滑雪场以外，交通、餐饮、住宿、娱乐休闲、医护、培训等旅游接待设施与服务也是成为国际一流冰雪旅游目的地的要素。霞慕尼的南针峰缆车可以从海拔 1035 米的霞慕尼小镇直达海拔 3842 米的南针峰，这是世界上垂直落差最大的缆车，仅需 20 分钟就可直达最高点。索契作为俄罗斯南部的主要交通枢纽之一，机场、火车、港口有通往国内外各地的班次。圣莫里茨是阿尔卑斯地区拥有五星级酒店最多的地区，同时也是世界上豪华酒店密度最大的城市。这座小城拥有 8 家五星级酒店，24 家四星级酒店，40 家三星级酒店和接近 100 家非星级酒店。都灵巴多内基亚小镇的美达勒街（Via Medail）将巴多内基亚的老城与 18 世纪建造的新城相连接，这条主街也是巴多内基亚的游客中心。此外，巴多内基亚市内的公共交通是全部免费的，从小镇步行 10 多分钟就能抵达滑雪场。

（三）产业融合广泛，关联度高

创建国际一流的冰雪旅游目的地离不开深度培育产业驱动力，通过产业间的充分融合与互动能够加强产业间的竞争合作关系，有效提高产业生产率与竞争力。

霞慕尼整体以登山与滑雪作为体育产业的核心，扩展至攀岩、滑翔、徒步、漂流、游泳、网球、高尔夫等运动项目；同时通过运动赛事、商业购物、旅游交通、住宿餐饮、教育培训、文化旅游、现代服务等外围产业拓展与深化核心产业，深度挖掘和延伸产业链，形成产业集群。圣莫里茨是以高端度假为核心，以冬季的冰雪运动为特色，在发展冬季旅游的同时打造夏季旅游，解决了一般冰雪旅游目的地季节性的问题。加米施-帕滕基兴形成了以滑雪运动为核心的产业集群发展模式，围绕滑雪运动，衍生出冰雪旅游所需要的各类服务、保障设施。其中，交通、餐饮、住宿等旅游行业首先被拉动，解决滑雪者的食宿需求，是发展冰雪旅游的实际问题；同时，作为滑雪产业组成部分的滑雪用具和装备市场快速发展，德国高端运动品牌享誉全球。韩国滑雪场都以综合度假村的形式为主，雪场拥有齐全的设施和设备，如滑雪道、索道、雪具出租店等滑雪场设施，其产业特色在于将冰雪产业与娱乐影视产业相结合。

（四）充分发挥地域优势，实现文旅深度融合

按照一般规律，凡是具有冰雪自然环境和冰雪人文环境的地方就会形成冰

雪文化，但是，由于环境、社会制度及经济增长水平的不同，不同地区所形成的冰雪文化也不尽相同。通过整合冰雪资源、文化资源，把观赏类、体验参与类、节庆类冰雪旅游产品组合推出，并增加当地历史民族文化内涵，同时将冰雪摄影、冰雪漫画、民俗表演纳入其中，形成各类资源的合力，通过营销、创意策划等手段深化冰雪旅游的文化内涵，强化目的地的品牌形象，实现文旅的深度融合。

霞慕尼小镇是产城一体化的具体体现，是展示法式建筑和法国风土人情的最佳之地，其滑雪产业已成为"休闲法国"和"浪漫法国"的重要因素，引人入胜，让人流连忘返。惠斯勒全年举办各种不同类型的集会、庆典、节日和特别活动，如2月的惠斯勒艺术节、4月的研科世界滑雪节、7月的惠斯勒山地车节、12月的惠斯勒电影节等。欧洲很多小镇文化底蕴深厚，小镇中都拥有"特色"名人故居、博物馆、庄园农场等文化传承与教育机构。无论是哲学家、文学家、科学家还是教育家、收藏家、艺术家，他们的故居往往都得到很好的保护，这些小镇可以借助文化故居发展旅游产品。如奥地利因斯布鲁克、挪威利勒哈默尔、德国加米施-帕滕基兴等，这里的历史建筑、壁画、手工艺等都得到了很好的开发与利用。

（五）举办国际赛事，提高国际影响力

赛事旅游是指由于到异地参与或观看体育比赛而引发的集观看赛事与旅游活动于一体的旅游活动，它是由体育赛事活动自然引发的，具有较强的休闲性质，参与或观看比赛是赛事旅游者的第一动机。大型体育赛事赛前声势浩大的推广活动和众多媒体大规模的报道会极大提升赛事举办城市的知名度，而城市知名度的提高会显著提高举办城市作为人们旅游目的地的概率，不仅在赛事举办期间给举办地带来大量客源，而且对该地旅游业的可持续发展产生了重大的积极影响。统计数据显示，2018年平昌冬季奥运会期间观赛游客达141.2万人次，参与文化活动和地方庆典的各有54.8万人次和156.8万人次。其中，韩国国内游客占游客总数的78%，为390.5万人次；外国游客达110.2万人次，为2017年2月接待入境游客人次的14倍。大型体育赛事的举办，使一批技术先进、功能配套、规模齐全的现代化城市基础设施和设备投入运行，使赛事举办城市的基础设施供应能力和运行效率得以全面提高，同时与旅游业密切相关的餐饮、住宿、旅馆、通信等行业也得到极大的发展，旅游接待能力和品质进一

步提高，为城市旅游业的可持续发展打下了坚实的基础。大型体育赛事举办时，各国的运动员、赛事观众等齐聚一堂，这就为举办城市展示自己的文化特色提供了一个重要契机。旅游文化是最具有魅力和持久生命力的旅游资源，所以一般大型体育赛事的举办通常会伴有大量的专项文化宣传活动以促进举办地旅游的进一步发展。

法国霞慕尼、加拿大惠斯勒、日本长野都通过不断引进、举办国际性赛事，巩固和升级基础设施与相关配套设施，促进当地经济社会发展。惠斯勒每个雪季举办赛事约 30 项，以当地赛事为主，每项赛事规模大都在 100~200 人，赛事包括系列赛、特定群体比赛、国际专业竞赛等。霞慕尼小镇在发展的过程中，举办环勃朗峰超级越野耐力赛、攀岩世界杯金球系列大奖赛、环勃朗峰越野跑等国际级重量比赛。日本长野每年举办一项高水准国际级赛事——长野马拉松，是为了纪念 1998 年长野成功举办冬季奥运会而创办的，是目前全世界唯一拥有奥林匹克之名的马拉松赛事。国际知名的冰雪旅游目的地皆通过展开特殊"标志性事件"，增加曝光率与知名度，吸引更多的游客，增强国际影响力，带动区域内各行业发展。

（六）破解季节运营难题，打造全季旅游产品

根据国际冰雪旅游目的地的趋势，深入挖掘夏季资源，创造四季旅游目的地，是破解冰雪旅游目的地季节性运营难题的关键。惠斯勒地区夏季收入占比 31%，夏季游客数量占比 60%，比冬季游客数量高 10 个百分点，运营成绩亮眼，其主要原因就是充分发掘夏季户外休闲资源，建设世界上最大的山地自行车公园，拥有近百条山地自行车速降赛道，服务不同运动及消费水平的山地户外运动爱好者，可以保证一年四季客流不断。霞慕尼滑雪小镇面对季节性运营挑战，依托优越的地理条件和自然资源，开发大量户外运动项目；支持鼓励度假区产品再度开发，进一步扩大不受季节影响的旅游项目产品规模；保证游客体验品质，延长游客停留时间；促进度假区活动多样化，增强旅游产品、活动开发，增设免费教学活动等，吸引更多游客，产生经济效益。日本长野野泽滑雪场夏季风光旖旎，主要依靠亲子旅游、滑雪博物馆、休闲垂钓、徒步登山等丰富户外休闲、特色娱乐文化产品，保证客流，维持营收，为游客创造四季美好度假体验。韩国平昌的滑雪场以度假村的形式存在，除滑雪场外，还包括餐饮、住宿、娱乐、购物等各种业态，一个度假村便是一个旅游聚集地，可以满

足游客的各种需求。俄罗斯索契从 4 月到 10 月都可以在海里游泳，10 月至次年 5 月则可以在坡上滑雪，温泉疗养也是这里的特色旅游产品。

（七）充分利用冬奥遗产

举办奥运会的受益点不仅可以提升举办国体育相关产业，而且还能以点带面地提升国家形象。自 1968 年墨西哥夏季奥运会起，文化因素便进入了奥运遗产传承和保护范畴，随着各个申办国在总结报告中对遗产一词描述的增多，各国逐渐加强了文化领域奥运遗产的建设。此外，奥运遗产内涵的扩充是奥运影响力提升的真实写照。展示奥运综合影响力的不仅有体育，还有教育、心理、经济等途径。奥运遗产从有形向无形的拓展，推动了举办国体育产业的发展以及国家形象的提升。

温哥华冬季奥运会在奥林匹克运动历史上第一次提出了"创造"遗产的构想，并首次建立了专门的遗产管理机构，从而保证了奥运遗产工作有目的、有组织、有计划地运行。温哥华冬季奥运会还制定了分阶段进行遗产管理和运行的工作方案，确保了奥运遗产持续发挥作用，为奥林匹克运动和加拿大社会发展留下了宝贵财富。利勒哈默尔在 1994 年举办冬季奥运会后，对冬奥会场址做了妥善的保护和利用，在原址上发展旅游活动，既没有造成场址在比赛后的浪费又形成了当地独特的旅游吸引物；利勒哈默尔借助冬季奥运会的名声继续在此基础上发展冰雪旅游，深入挖掘当地奥利匹克文化，以"旅游+体育"的发展模式，形成利勒哈默尔的旅游地形象。索契冬季奥运会后将滑雪赛场作为公共的滑雪场和度假地对外开放，把劳拉滑雪中心、玫瑰庄园极限运动中心打造成为滑雪度假胜地，把"冰立方"冰壶中心打造成多功能休闲馆，将索契旅游业提升到新的发展水平。

（八）推动冰雪运动大众化，加强冰雪体育人才的培养

申办冬季奥运会必要条件中，就要求举办国家能够有足够的人民群众参与其中。国际中成熟的冰雪旅游目的地都十分重视对冰雪运动的普及，这些地区把冰雪运动看得像太阳那么重要，而且认为冬季的户外运动，包括滑雪、滑冰等对健康大有裨益，能有益于人类适应大自然环境，增加人体抵抗严寒和疾病的能力。据《2019 全球滑雪市场报告》显示，在滑雪渗透率（滑雪人口占国家

总人口的比例）这一数据方面，中国仅为1%，而日本为9%，美国为8%，法国为13%，瑞士高达35%。德国政府通过设置学校滑雪课程，降低滑雪价格、住宿成本等方式鼓励社会大众参与滑雪，扩大滑雪运动的参与群体，上至六七十岁的老人，下至三四岁的儿童，都能在滑雪场上纵情欢乐。俄罗斯冰雪运动的启蒙教育是从娃娃抓起的，在滑雪场或滑冰场常常可以看到儿童学习滑雪滑冰的情景。

人才的培养是社会前进的动力。冰雪运动作为对地理条件及技术条件等都有着高要求的竞技体育项目，要求竞技运动员及教练自身素质要达到较高水平，这就需要充分考虑运动员及教练的身体素质，不能急于求成。同时，体育管理部门也要加大对冰雪运动的支持，对相关产业给予相应的政策优惠。1943年，法国建立世界第一所登山学校——法国国立登山滑雪学校，开设的项目有登山向导、滑雪教练、高山协作、救援、滑翔伞教练，并且有着严格的培训、考核、认证体系，经过几十年的发展，该学校培育了一大批国际顶尖的滑雪、登山人才。韩国冰雪体育人才的训练与管理，通过学习借鉴世界冰雪强国的先进经验，结合自身特点逐步改进完善，形成了一整套系统的、科学的训练与管理方式。此外，对于退役后计划从事体育相关领域工作的人员，如体育设施建设、体育用品制作与销售、体育市场开发等，韩国政府还提供创业贷款。

（九）经营模式趋于成熟

为了更好地经营管理滑雪目的地，北美和欧洲分别建立了相应的经营管理模式，即公司模式与社区模式。

公司模式以消费者为导向，它通过控制大部分服务供应商来使管理更专业化。在北美地区，滑雪目的地管理模式称为公司模式，其模式主要由一家商业公司来管理或代理，它以盈利为目的负责经营并根据所有权和/或合同安排选择服务供应商，工作主要围绕着度假区的索道经营、滑雪学校、雪具出租、食品饮料和零售业务经营权等，同时也经营度假区内大量的住宿设施。具体来讲，整个北美地区滑雪目的地的产权和管理权基本控制在4家主要公司手中，包括美国滑雪公司、布斯克里克公司、韦尔度假区公司以及西部内地公司。

社区模式，与北美地区不同，欧洲的滑雪场模式则属于社区模式，传统的阿尔卑斯山滑雪度假地的斜道是由许多个小农场的农场主共同所有，一个度假区内的缆车公司、滑雪学校、滑雪公共汽车以及其他服务都是相互独立的。也就是说，滑雪场经营者、索道经营者、器材经营者、宾馆经营者都是分开经营、独立核算的。社区模式的特点有两个：一是每家独立公司与其他公司都具有紧密的联系；二是鼓励公司之间进行良性竞争，不是在价格上竞争，而是在服务上竞争。目前，欧洲一些度假区的重组和重新策划在很大程度上受北美地区公司模式的影响，由社区模式向公司模式转变。

（十）协同管理效果显著，行业管理水平较高

各国政府部门都积极组织制定滑雪产业规划、政策法规等，并且非常重视与滑雪产业相关的教育、科研和推广，不断加大对滑雪产业的投入力度。在第1届冬季奥运会后，欧洲开始实施山区振兴计划，大规模开发山区滑雪场。此外，在瑞典和奥地利的一些山区，滑雪也被视为主导产业。日本政府制定了优先发展滑雪产业的政策，在资金方面给予大力支持。观光公社、交通企业、房地产公司等纷纷涉足滑雪产业，从事大型滑雪场的开发与建设。在政府支持下，日本滑雪产业飞速发展并形成了独特的产业模式。

滑雪行业的国家或地区性协会和团体，如各国的滑雪协会、滑雪联合会和滑雪俱乐部等大量的民间组织也对滑雪产业的发展起到了巨大的推动作用，它们与政府部门相配合，从不同方面发挥着各自的作用。滑雪行业协会在推动滑雪学校计划、人力资源开发、滑雪场标准与安全、滑雪场环境管理及加强对外信息沟通与联系等方面发挥着关键作用。目前，瑞士、美国、法国、德国、奥地利、瑞典及加拿大等世界主要滑雪接待地和客源产出地均成立了数目不等的滑雪协会、滑雪联合会以及滑雪俱乐部，如瑞士滑雪协会、德国滑雪协会。

（十一）环保意识浓厚，环保措施完善

近年来，各国的环境保护意识越来越强，像滑雪场这类度假目的地不是只在投资或开业前递交合格的环保规划就可以了，而是要实施全程的动态管理，即进行环境审计，其目的是对现有活动和过程的表现进行评价。许多政府的规划管理部门广泛采用环境审计方法，对环境保护行为与环境政策、标准及管理要求提供一个系统的、客观的评价。例如，美国环境保护方面成绩突出的韦尔滑雪度假地推出了一个创新性的项目，名为 Ski-cology，滑雪教练在指导滑雪者滑雪的过程中会告诉滑雪者有关野生动植物的知识以及滑雪区的生态系统。意

大利很多滑雪场联合研发制造出效率更高的人工造雪机，在滑雪场建立了大型蓄水池，既用于造雪也用于卫生间等方面的清洁，尽可能回收旅游者留下的垃圾。考虑到环境，除草剂和杀虫剂在滑雪场都是禁止使用的。温哥华推出"文化产业+旅游产业+体育产业"模式，目前最受温哥华投资者欢迎的投资领域首先是绿色行业，如清洁技术、绿色建筑等；其次是创意产业，如新媒体、电影、动漫等；再次是医疗卫生、生命科学等高新技术产业；最后是文化艺术产业。2010年的温哥华冬季奥运会力争成为最"绿色"的奥运，这是本届冬奥会的一个重要理念之一。温哥华奥组委制定的各项措施，均力求控制运动会对环境的影响，以维护不列颠哥伦比亚省健康海岸生态体系。韩国滑雪场在建设布局上更加注重绿色环保与可持续发展，整体布局趋于集聚、集中，整个滑雪场冬季办公区域的室内温度统一规定为19℃，以节省能源。韩国滑雪场的污水处理达到国家标准后才可以对外排放，滑雪度假区的固体垃圾处理都由外部垃圾处理公司承办，公寓式酒店建筑简约、低碳、环保。除此之外，韩国滑雪场每年都建立有关植树的计划，这对防止水土流失、绿化雪场周边环境、实现可持续发展都产生了积极的推动作用。

三、北京市冰雪运动与文化旅游产业融合发展启示

（一）高效整合利用相关资源与资产

北京现有24家专业滑雪场，城区主要集中在朝阳区和海淀区；远郊区则主要集中于昌平区和密云区。北京运营滑冰场则有34家，相对集中在朝阳区和海淀区。天津目前有12家滑雪场，主要集中在和平区。河北目前有30家滑雪场，32家滑冰场。可以看出，受地理位置限制，京津冀滑雪场的分布具有明显的空间集聚性，滑冰场受场所设备因素影响，在城区分布较多。

京津冀地区拥有天然的地形地貌条件，是华北地区最具潜力的天然滑雪区域。其中河北省张家口地区雪资源较好，滑雪期长。虽然京津地区气候优势不突出，但北京市和天津市高超的人工造雪技术弥补了这一不足。此外，北京市、

天津市和河北省互相依托、优质资源共享，具有发展冰雪旅游产业的经济资源。目前，以万龙滑雪场、太舞滑雪场等为代表的国际滑雪场已具备较高的国际化接待水平，其他滑雪场设施设备、滑雪环境和运行效率等也较为完善。

北京作为国际化都市，对国外游客的旅游吸引力较强，可以吸引大批的国际滑雪爱好者。京津冀地区是我国目前冰雪旅游资源聚集区，并且已有高效率的国际滑雪场投入运营，能够满足国际滑雪爱好者的需求。借助举办冬季奥运会的契机，国家大力推广冰雪运动，民众对冰雪旅游的情绪逐渐高涨，未来冰雪旅游产业有巨大的发展潜力。另外，与亚洲其他国家相比，我国冰雪旅游产业目前处于上升期，日本滑雪产业处于缓慢下降的阶段，并且京津冀地区的滑雪季比韩国长，所以京津冀地区发展冰雪旅游具备国际竞争优势。

冰雪旅游资源具有区域集聚性，并且区域范围旅游资源高度集聚，有利于带动边缘地区冰雪旅游发展。通过采取系列手段，使各部分、各要素协调统一，从无序走上有序，实现冰雪旅游资源系统的优化升级。遵循整体优化原则、协调互补原则、市场导向原则、以人为本原则、政府主导原则，整合京津冀冰雪资源，实现资源的高效利用。

（二）把握产业融合内生动力与机制

产业融合是在以信息技术为核心的高新技术的快速发展推动下产生的经济现象。通过产业融合，能够加强产业间的竞争合作关系，有效提高产业生产率与竞争力，目前已经成为广泛认知和接受的发展模式。

目前，冰雪运动驱动产业融合发展主要通过政策等外部环境驱动力、冰雪运动相关企业等供给方利益驱动以及需求方需求驱动，形成了产业链延伸模式、渗透式融合模式以及重组式融合模式。北京在冰雪运动产业融合发展过程中，应该把握产业融合内生动力，形成系统的体制机制。

1. 规划与引导机制

冰雪运动在产业融合发展过程中，应该贯彻市场主导、政府引导的模式。发挥政府作用，加强宏观设计，制定规划政策，完善规章制度，对整个冰雪运动产业的发展进行引导。政府规划与自治组织进行直接对接，提供定制服务，突出过程化服务，建立从规划编制、规划调研到规划实施全程跟踪引导的规划机制，发挥政府规划在冰雪运动发展过程中的引导作用。各个地区要坚持以政府宏观设计为引领，结合各区域特色，寻求产业整合点，开发特色产业、特色项目，实现产业融合发展。

2. 季节平衡机制

随着科技的发展，各种高新技术与材料逐渐运用到冰雪运动产业中，形成各种模拟冰雪的运动产品。同时，随着南方室内滑雪场、滑冰场的建立，逐步实现南方冰雪运动甚至南方四季滑冰滑雪运动。逐渐打破旺季和淡季的界限，以缓解季节性带来的不良影响。科技发展可以使消费者打破季节束缚，有效规避旅游旺季带来的吃、住、行、游、购、娱难题，从而更加从容地体验户外休闲和冰雪运动带来的乐趣。在冰雪运动产业融合发展的过程中，应逐步完善季节平衡机制，变冬季运动为四季运动。

3. 跨区域协调机制

为促进产业融合，首先需要打破狭隘的地区管理体制，使得不同地区、不同种类的资源得以利用，按照产业融合的需求进行重组与整合。随着区域经济一体化的加速，我国跨区域城市协调发展进入了新的阶段，以中心城市为核心的跨区域经济网络先后建立，京津冀增长极经济发展质量不断提升。北京冰雪运动产业的融合发展，必然离不开京津冀片区的各类资源，以北京为中心城市，通过跨区域、跨部门的组织协调，对资源进行有效的配置，形成"以点带面"的区域增长极模式，实现相互融合、利益协调。

4. 利益主体协调机制

企业是实现产业融合的主体，在产业融合的过程中，无论是拓展经营范围，还是实现技术创新，其利益主体都是企业，且其利益会在产业融合中必然受到一定的威胁。为处理各产业间的利益矛盾，以确保冰雪运动产业与相关产业的融合能健康、和谐、持续地开展下去，需要构建冰雪运动相关利益主体的协调机制。因此，在产业融合发展过程中，需要采取相应的措施与政策，对各利益主体间进行协调、分配、约束，为企业的融合发展提供支持与保障，鼓励各企业创新，大力推动产业的融合发展与产业创新。

5. 提供服务的中介机制

产业的融合发展需要社会提供一定的中介服务，如投融资、信息、技术、法律等方面的服务。企业往往不会精通各个方面的技术与知识，因此，形成了专门的中介服务企业，普通企业通过与服务中介合作创新，使资源得到最优配置，进而使双方在均衡中获取各自的最大利益。在冰雪运动产业融合发展的过程中，还需要完善社会中的第三方中介服务机制，为相关企业提供所需的附加服务，通过建立知识共享的路径和有效的关系管理体系，使企业可以保持持续的竞争优势，推动企业主体不断地融合创新。

6. 业态转型调整机制

在互联网打破时空界限的有利条件下，伴随着消费升级，冰雪运动与文旅产业深度创新融合，不断迸发新业态、呈现新特点，表现出新的发展趋势。面对市场的变化，传统的冰雪运动产业和文旅产业，都需要进行业态的转型与调整，突出业态创新，强化融合条件，大力发展冰雪体育旅游新业态，大力发展冰雪运动，坚持普及冰雪运动与做强冰雪经济同时发展。推进冰雪休闲旅游产业，如打造各种冰雪特色主题综合体等，不断促进冰雪运动与文旅产业的融合及持续健康发展。

（三）构建新型产业融合发展集群

1. 加强与城市区域功能建设结合，提升冰雪运动综合服务能力

鼓励各地结合住宅开发和商业设施规划建设一批室内冰雪运动场地，鼓励社会力量通过改造公园、城市广场、旧厂房、仓库、老旧商业设施等公共区域建设新型冰雪运动场地，开展城市冰上运动与休闲活动。如北京首钢地区以冬季奥运会为契机，积极引入各类冬奥资源，承接"体育"产业，推动冰雪体育与科技、文化、传媒的融合，塑造老工业区复兴的持续动力，成为城市新的冰雪旅游功能区。冰雪运动产业与北京及周边区域形成配套旅游一体化的综合服务，以冰雪运动场地为核心圈层、以旅游度假区为配套服务圈层、以旅游特色地区为拓展圈层，对冰雪运动产业集群配套服务能力设置等级，鼓励和支持冰雪运动区域一体化开发，逐渐形成全地域、全季节、全要素的冰雪旅游区域，如打造冰雪体育小镇、冰雪旅游度假区、冰雪主题公园、冰雪康养旅游等综合性冰雪运动目的地，不断提升冰雪运动综合服务能力，从而吸引更多的国内外旅游人士。

2. 创新冰雪运动与生态环境保护协调发展新模式

冰雪运动的发展有赖于生态环境的建设，无论是自然冰雪资源还是人工冰雪资源，都对生态环境有较高的要求。所以冰雪运动产业集群的建设要与生态环境保护协调发展，从而促进冰雪产业的可持续发展。冰雪运动产业集群的建设要坚持绿色发展，充分利用现有资源，进一步挖掘冰雪资源潜力，实施技术创新，不断丰富冰雪运动的内涵，同时要发挥冰雪运动亲近自然的特点，在游客心中树立健康积极的心态，从而使游客主动践行绿色低碳的生活方式。冰雪运动与生态环境保护协调发展新模式，可以借鉴欧洲阿尔卑斯山区滑雪产业的先进经验，示范开展"冬雪夏牧、多季多产"滑雪产业复合发展新模式，探索"生态保护+产业发展"的发展模式：一是建立"政府主导+企业主体+农牧民股份"的滑雪场建设机制；二是尽量减少滑雪场开发对林地的占用，保护生态环境；三是充分利用疏林地、荒地与草地开发滑雪道，低强度开发，解决滑雪场开发与森林保护之间的矛盾，从而促进冰雪产业的可持续发展。

3. 优化冰雪装备产品结构，完善产业支撑体系

我国冰雪装备产品结构较为单一，产品层次浅且附加值低，冰雪装备制造企业规模偏小，创新能力不足，仍在低端徘徊，所以我国冰雪装备制造还有很大的发展空间。可以通过优化冰雪装备产品结构，生产丰富多样、科学含量高、产品质量好的冰雪运动装备。以北京冬季奥运会为契机，紧扣"三亿人参与冰雪运动"的需求，优化冰雪装备产品结构，建立较为完善的综合标准化体系，创建具有中国特色的冰雪运动装备产业园区，培养具有国际竞争力的冰雪装备企业和知名品牌，构建发展基础较好的冰雪装备制造产业体系，并在京津冀地区构建完整的冰雪运动产业链。完善冰雪装备制造产业支撑体系，引导重点企业、高校、科研机构、行业协会等部门联合修订有关冰雪装备制造的团体标准、行业标准和国家标准，建立完善的冰雪装备综合标准化体系。建立冰雪装备检验检测和认证机构，政府引导、鼓励高校和研究机构开展冰雪装备检验检测评价体系研究，设立冰雪装备认证机构，对冰雪器材定期进行检验检测，不断提升器材的产品质量。建立冰雪装备产业发展平台，促进政府、相关企业和科研机构的合作交流，积极提供产需对接、信息咨询、人才培训等相关服务。

4. 创新冰雪运动+文化旅游融合模式，逐步形成冰雪运动新业态

充分利用北京的文化优势，创新冰雪运动与文化旅游产业的融合模式，积极培育冰雪运动新业态。冰雪体育旅游小镇新业态，以乡村为主体，与延庆地区共同打造独一无二的山区冰雪旅游小镇，以开发冰雪度假或滑雪度假旅游产品为主，并采取高端切入策略，通过招商引资，重点建设中高端度假村及度假酒店，通过不断更新度假旅游设施及活动提升游客的体验质量。冰雪文化演艺新业态，与北京文化资源相融合，搭建冰雪文化演艺剧院，打造具有故事情节的冰雪文化演艺剧目，开展冰上芭蕾、花样滑冰、冰球、冰壶等观赏性强的冰雪表演节目，丰富冰雪运动产品类型的同时发扬中华优秀传统文化。冰雪旅游节事新业态，以北京冬季奥运会为契机，融入春节文化、长城文化、民俗文化，开展冰雪文化节、冰雪文化会展、冰雪赛事旅游等活动，继续办好北京市"快乐市民"欢乐冰雪季、冬奥主题庙会灯会、北京冰雪文化旅游节、北京奥运城市体育文化节等系列活动。

5. 打造世界级冰雪运动产业集聚区，提升国际竞争力

以北京冬季奥运会为契机，在北京与张家口地区打造世界级冰雪运动产业集聚区。引进大型冰雪产业集团，鼓励单一冰雪运动场地强强联合，实现区域冰雪产业良性循环发展，避免恶性竞争，充分发展集团优势。注重冰雪运动与文旅产业、体育产业、信息服务产业的融合发展，建设一批融滑雪、登山、徒步、露营、健身娱乐、旅游体验等多种活动为一体的复合型冰雪运动目的地。同时引进知名冬季体育品牌企业，打造科技含量高、绿色环保的冰雪装备制造产业园区，构建集冰雪运动科研、生产、咨询、策划为一体的冰雪产业聚集区，形成产业聚集，充分发挥产业聚集效应，促进产业链的全面发展，发挥其带动作用，推动整个区域冰雪产业和经济社会的进步，打造世界级冰雪运动产业集聚区，从而提升冰雪运动产业的国际竞争力。

（四）打造全球冬季旅游中心和人文交往高地

1. 加快推进区域一体化发展

要整合京津冀、带动华北、辐射东北的冰雪和文化旅游资源，打造全球性

冬季旅游与人文交往中心。现代旅游业发展趋势和国内外旅游目的地建设经验表明，打造一个统一的旅游目的地，特别是国际旅游目的地，内部的区域旅游一体化发展是首要前提。旅游一体化打造大区域旅游目的地，以多点代替单点效应，实现资源共享、产品共建、品牌共铸、效益共赢，是当下旅游业发展的必然趋势。

2. 加快推进区域品牌化发展

品牌化是建设全球性冬季旅游与人文交往中心的关键路径，是提升京津冀乃至华北地区冰雪和文化旅游国际吸引力、增强旅游市场竞争力的重要手段，是京津冀地区冰雪旅游走向世界的重要驱动力。全球性冬季旅游与人文交往中心的品牌化打造，要以冰雪运动为核心，整合区域文化和生态旅游资源，构建层次清晰、主题明确、推广有力的国际旅游目的地品牌体系，以国际化品牌引领全球性冬季旅游与人文交往中心的建设。

3. 加快推进区域国际化发展

在全球一体化的背景下，国际间经贸交流、旅游交往、文化互动日益密切，旅游国际化成为当今全球旅游业发展的主旋律。推进国际化发展，是提升区域旅游国际化水平、打造全球性冬季旅游与人文交往中心的重要战略途径。必须按照建设国际旅游目的地的标准和要求，大力推进目的地对外开放，完善国际旅游入出境政策，优化国际旅游消费环境，拓宽国际旅游消费空间，创新国际旅游交流平台，全面提升京津冀乃至华北地区冰雪运动和文化旅游的国际化水平。

4. 加快推进区域市场化发展

市场化是资源配置的有效方式，可以最大限度地使市场主体和生产要素自由流动、公平竞争，激发市场经济的内在活力。必须始终坚持"政府引导、市场运作"的旅游业发展基本方略，大力推进市场化改革，优化要素配置，激发市场活动，促进公平竞争，为建设全球性冬季旅游与人文交往中心创造更加公平、更高质量、更有效率、更可持续的发展环境。

（五）夯实关键领域保障措施

1. 强化政府扶持，改善冰雪旅游设施条件

通过出台冰雪旅游发展规划，加大财税、信贷等政策的支持力度，积极改善冰雪旅游的吃住行游等基础设施和环境条件。如对重点冰雪旅游产业给予直接投资，提高冰雪旅游支出占财政支出的比重，对引进冰雪旅游的先进技术设备给予财政补贴支持；建立冰雪旅游产业专项基金，采取贷款贴息、税收减免等优惠政策吸引社会投资，通过基金投资、无偿或低息方式加快冰雪旅游企业的发展。此外，地方政府及主管部门应指导、监控冰雪旅游企业的规范化管理，跟踪问效、加强评估，促使冰雪旅游经济的健康发展。

2. 扩大企业规模，提升冰雪旅游就业质量

冰雪旅游企业规模是决定冰雪旅游企业就业容量与质量的重要因素，一般而言，中小型冰雪旅游企业发展空间有限，管理机制和员工保障机制不够完善，员工缺乏培训机会，安排就业人员少、工作稳定性较差、季节性失业率高。随着冰雪旅游企业规模扩大、旅游项目拓展和冰雪游客增加，可创造更多、更优、更高质量的就业机会。以冰雪旅游企业为主体，通过产权关系和生产经营协作等多种方式，由众多企事业法人组织共同组成经济联合体，实施冰雪旅游企业集团化经营战略，采取推进产业融合、注重产业融资、增强经营实力、完善管理体制、打造精品战略和保障员工薪资等措施，增加安保、医护、救助、教练和陪练等工作人员，不断拓展企业发展空间，强化企业产业竞争能力，实现高质量就业。

3. 培养专业人才，保障冰雪人力资源供给

随着中国申办冬季奥林匹克运动会的成功，预计到 2022 年，滑雪滑冰指导与救护、机械操作、场所维修及运营设备管理等方面的冰雪专业人才缺口将达 10 万人，各地冰雪旅游景区人才需求量日益增多，因而应采取有效措施提升冰雪旅游专业人才的数量与质量，保障冰雪旅游人力资源需求。如加强高校冰雪旅游专门人才的培养，增加旅游管理专业"冰雪运动训练"等课程；建立冰雪旅游工作人员的培训培养制度，学习国外冰雪旅游的经验并加强合作，提升现代冰雪旅游经济的理论知识、业务技能和管理水平，制定激励政策留住人才。

参考文献

［1］程晓多，张立梅，刘雨．政府主导型奥运场馆建设与赛后运营模式研究——以索契冬奥会场馆为例［J］．北京体育大学学报，2010（8）：46-49.

［2］董芹芹，沈克印．法国运动休闲特色小镇建设经验及对中国的启示——以霞慕尼（Chamonix）小镇为例［J］．武汉体育学院学报，2018（6）：20-25.

［3］付铁山，杨传鑫．日本乡村滑雪场市场开发模式及其启示［J］．体育文化导刊，2014（3）：130-133.

［4］加加林·弗拉基米尔·根纳季耶维奇，舒斌·伊戈尔·鲁比莫维奇，周志波．2014年索契冬奥会的建设特点与赛后发展模式［J］．建筑学报，2019（1）：19-23.

［5］阚军常，张宏宇，董宇等．都灵、温哥华、索契冬奥会文化创意的比较分析［J］．首都体育学院学报，2015（6）：546-551+571.

［6］李松梅．国外滑雪产业发展现状与主要经验分析［J］．哈尔滨体育学院学报，2012（4）：6-9.

［7］石玲，李淑艳，程兆豪．国际滑雪旅游业发展模式研究［J］．北京林业大学学报（社会科学版），2013（3）：75-80.

［8］孙慧杰，张津京．欧洲滑雪小镇发展实践与启示——以法国、瑞士、挪威小镇为例［J］．城市发展研究，2019（5）：1-3+9.

［9］唐云松．冰雪体育旅游产业的本土特色与国际化成长［J］．体育科研，2011（6）：34-37.

［10］王静，田慧．日本滑雪产业发展经验与启示［J］．体育文化导刊，2019（11）：104-109.

［11］岳阳春．平昌奥运会：致力人与自然的可持续发展［J］．WTO经济导刊，2017（10）：38-40.

［12］张亮．冬奥会体育文化创新对比分析——以都灵、温哥华、索契冬奥

会为例［J］. 黑河学院学报，2017（9）：200-202.

　　［13］张子静. 绿色生态文明融合冬奥会发展研究——以 2018 平昌冬奥会为个案分析［J］. 湖南生态科学学报，2020（2）：64-71.

　　［14］朱跃龙，王术华. 冬奥之城发展经验与启示［J］. 投资北京，2017（11）：22-25.